JN253229

倒れる
歯科医院

復活編

13のドキュメントストーリー

ISO 認証取得コンサルタント
マネジメントコンサルタント
堀尾芳裕

日本歯科新聞社

はじめに

本シリーズは、他医院が倒れた原因を知ることで、経営のリスク管理について学んでいただくものです。

- **開業を控え、「経営者としてどのようなリスクに備えればよいかを学びたい」と考えている**
- **すでに開業していて、「今は順調に経営しているが、今後のリスクを知りたい」「漠然と、医院がうまく回っていないという焦りがある。問題を客観視する手がかりがほしい」と考えている**
- **歯科界で仕事をしており、「業界についての理解を深め、歯科医師をサポートしたい」と考えている**

以上のような方々を対象にしたものですが、奇をてらったかのような衝撃的なタイトルとはいえ、1～3巻への反響の中身は、「経営継続のヒントになった」「開業前の息子に読ませたい」という、こちらの意図を十分ご理解いただけたと思われるものでした。

医院の特定を避けるため、表現を変えたり、複数の医院の要素を盛り込んだりもしていますが、基本的にはノンフィクションです。そして、どの事例でも、実際は、紙面にはとても書き切れない大きな苦しみと痛みを伴っています。

好調な医院が、ある出来事を契機に「倒れる歯科医院」となり、自宅を処分し、子どもの進学も断念した事例などを、いくつも目にしてきました。多くの場合は多額の負債を抱えることになり、その返済に、実に長い年月がかかることになるのです。

自らの経営を客観的に見つめるのは容易なことではなく、倒れる状態（廃業、縮小、倒産）になって初めて気付き、あわてても、すでに復活できない状態のことが少なくありません。

そのため、意識的に「自分を経営者として振り返る機会」を持っていただきたいのです。その少しの振り返りで、倒れる状況はほとんどのケースで回避できるのですから……。

4冊目は、今まで紹介したものも含め、倒れかけた歯科医院の復活事例を集めたシリーズの完結編です。

1～3巻まで同様、「スタッフが生き生きと働く医院」「患者さんに長く信頼される医院」を成功イメージとして、みなさまの経営の指針としてお役立ていただくことを願っております。

堀尾芳裕

CONTENTS

倒れる歯科医院 復活編

13のドキュメントストーリー

事例 ･････････････････････ どう復活？

総括編

インタビュー

1

「イベント型」モデルの導入で患者離れ

かつては繁盛医院の一つだったA歯科医院。収入減少への焦りから「予防型への移行」という方向性を打ち出し、コンサルタント会社の勧めで助手、歯科衛生士をコーディネーターとして、いわゆる「イベント型」の経営モデルを導入した。

その結果、当初は初診患者数が増えたものの、継続率はかえって低くなり、既存患者層も離反。スタッフの士気が下がって大量退職を引き起こし、余計に経営難に陥った。

どう復活？

最初こそ良かったものの…

　コンサルタント会社の勧めでイベントを始めた当初は、その中から診療予約もかなり生まれたため、自信を深めた院長でした。しかし、「集客志向」が明らかになると、プレゼント目当てのイベント参加など、客層が劣化。挙げ句、既存の患者層から「まるで客寄せパンダだね」などと言われ、患者さんの継続率が急速に低下してしまいました。

・肝心の新患獲得の成果が、数値として現れない

という深刻な状況に。

スタッフ間でも、イベント前のサービス残業や本来業務以外の仕事に対する疑問が広がり始めました。

「本末転倒」で継続不能に

「増患」のためのコストや労力は、本来は間接的な投資にすぎないはず。それがいつの間にか最も重視される業務のように変化してしまい、

・イベントのために診療の効率性がそがれるという本末転倒の状態

に陥っていたのです。

イベントの準備に追われ診療の質自体も低下してしまい、失望する患者さんも多くなっていたことから、無断キャンセルや中断が急増しました。これでは経営難に陥るのは当然のことです。

しかし、スタッフや患者さんの疑問の声を、A院長はことごとく無視しました。浅薄なコンサルタント会社の勧めに従い、借りものの経営発想で疑問を封じ込めた院長は、すでに経営者としての方向性を見失っていたと言えるでしょう。

結果、スタッフが集団退職。ベテラン歯科衛生士がいなくなったため、「イベント型」導入のきっかけとなった予防診療も継続不能になってしまったのです。

「イベント型」医院とは？

共通の方針

・ハロウィーンやクリスマスなどの祝祭日（なぜか西洋のものが多い）に合わせてイベントを開催し、患者家族や地域住民を集める
・新患獲得が主な目的で、プレゼントなども用意する
・スタッフが診療後に準備することが多く、過剰労働になりやすい傾向がある
・集まってきた患者さんのうち、反応性の良さそうな人には、コーディネーターが自費の治療を勧め、インプラントなどに誘導していく

問 題

特に、派手なイベントを継続的に実施している歯科医院の中には、「ブラック企業化」している所も少なくないようです。

当初のイベント型歯科医院は、歯科医院を「怖い所」から「行ってみたい所」へと業態転換させ、それを地域住民に認知させるという社会的意義を持っていました。ただ、新患獲得目的が主になると、表面上は違いがないように見えるのに「おかしな客集めを繰り返すイタイ歯科医院」になってしまいます。そして、次第に地域住民の失笑を買い、スタッフの士気も下げてしまうことになるのです。

再生

堅実に、継続性を高める

にっちもさっちもいかない経営状況になり、院長はようやく医院のかじ取りを間違えたことに気付き、再生を心に誓いました。

再出発時の人的資源は多くはありませんでした。院長以下、総勢10人体制だったものが、大量退職後は患者数も減り、歯科衛生士はゼロの5人体制（新規採用した助手2人、受付1人、イベントの影響を受けていなかった歯科技工士が1人）。お金と手間をかけて育成してきたコーディネーターは、イベントの仕事がなくなると同時に退職していました。

今いる5人が不安を感じないで働ける体制を目指すため、多くを望まず、「赤字にしないだけの診療報酬を確保する」を当面の目標にしました。

会計業務を行っている税務会計事務所からは、「イベント型」の結果発生した追加借り入れの返済が増えていることも考えると、現状よりも150万円ほどの増収がないと厳しいと言われました。

150万円増収するためには、現状では患者数を100人以上増やし、さらに自費診療で補わなければなりません。つまり、保険関連の診療業務を他のスタッフに任せる必要がありますが、現在、院長以外に診療できるスタッフはいません。

そのため、患者数は絞ったまま「かかりつけ医として信頼を得る」ということで継続性を高めようと覚悟を決め、以下のような堅実さを前面に押し出した経営判断を行いました。

新たな方針

① 診療時間は延長しない
② 急患の受け入れは少なくして、継続性の高い患者さんをフォローして件数を増やしていく
③ 自費診療はコスト（材料費、技工料、費やす時間）を考えて行う

ランチミーティングの効果

「復活の計画を立てるために、明日の昼休みからランチミーティングをしたいのだが、どうだろうか?」という院長の言葉を、スタッフは異議なく受け入れてくれました。

1回目のランチミーティングでは、「医院の経営方針の根本的転換」というテーマの下、前向きな意見が出され、院長が想像しなかったほどの熱心な議論が短時間に進みました。

スタッフが議論した項目

・自分たちの強み（良い点）は何か
・それが生かされていないのはなぜか
・弱み（悪い点）は何か
・どの強みでカバーしたらよいのか

結局、歯科衛生士や経験豊かなコーディネーターがいないことをカバーするため、歯科助手が院長や医院の良い点を理解して患者さんに伝えることに。また、「院長の治療説明はわかりやすいため、患者さんは院長と話をすると安心する」という点をさらに前面に押し出す方針が決まりました。

できるだけ歯科助手や歯科技工士の業務をルール化して効率性を高めるようにもしたところ、歯科技工士が他院からの委託を受けられるまでになりました。技工の質も、A医院の隠れた強みだったのです。

このような決定への流れは、コーディネーターなど「イベントの仕切り屋」のような一部のスタッフだけが、院長の命を受けて発言している時にはなかったことでした。一緒に医院を盛り上げていこうという意識が生まれたのです。

傾聴のための情報基地を作る

2回目以降のランチミーティングでは、具体的な改善計画が話し合われました。A医院を「倒れる」状態に追い込んだ最大の原因は、イベントに追われて患者さんとの関係性が浅くなってしまったことと判断し、傾聴と説明に十分な時間と手間を取ることが重要と考えました。そこで、診療時間は延ばさずに、コミュニケーションの効率性を高める方法、いわば、密度の濃い診療活動を模索することにしたのです。

どこで傾聴と合意形成を行うか……。診療できるのが院長しかいなくなってしまった現在、受付を「患者情報収集の基地」とすることが最も現実的です。

受付の工夫

- 個々の患者さんとの会話をメモし、ルールに従って残す
- メモの書き込みは記号化した用語を使い、時間短縮を図る
- 傾聴した会話を、医療判断を行う院長に的確な形で渡す

これだけで、患者さん、院長、スタッフ間のコミュニケーションギャップは大幅に改善されます。

次に、「ターゲット顧客」の絞り込みに着手しました。これは、

すでに合意形成が出来ている今までの通院者を大切にするということです。具体的には、家族情報や紹介者情報などを受付が管理し、紹介者へのあいさつは院長が必ず行うことにしました。

復活し始めた！

3回目のランチミーティングでは、チェック項目と努力目標を細かく確認し、以下のようにそれぞれが自分の職掌に合わせて改善の流れを書き出しました。

■ 十分な説明を患者さんの要望に合わせて行う
➡患者さんの満足度を、受付が確認する

■ 診療時間は延ばさず、密度の濃い診療内容に
➡11時と16時に、診療の遅れをチェックする

■ 治療計画は院長が時間を取って説明する
➡患者さんが理解しているか説明チェックリストを作り、院長と受付が確認する

■ 一日の治療の流れをアシスタントごとに分けて、朝のミーティングで確認する
➡技工物、治療内容、前回の治療後の問題などを必ず報告

■「今までの通院者を大切に」を徹底する
➡家族来院割合、紹介割合を数値化して、各自が設定した目標達成度を自己評価する

いずれも、「緊急の問題が発生したら院長が直接対応」「院内システムに関わるものについては、ランチミーティングで対策を講じる」というルール化がなされました。

その後、患者さんは次第に戻り始め、経営指標も徐々に改善の方向に向かいつつあります。

やがて、院長にとって一番うれしい電話が入りました。退職した歯科衛生士が、現スタッフから話を聞いて、「また働かせてほしい」と言ってくれたのです。

このような改善を、税理士を通じて取引銀行も見ていたようで、借り入れの返済期間の見直しに応じる意向を示してくれました。まだまだ負債総額は大きいものの、経営改善の手応えを確実に感じているようです。

2

「ブランド医院」を引き継いだが開店休業状態

父親から、いわゆる「ブランド歯科医院」を引き継いだB院長。何も決められない優柔不断な性格で、意思決定は税理士に丸投げ状態。この税理士が交代したのを機に、材料発注にまで支障が出るように。スタッフの士気低下や患者減が止まらなくなり、やがてスタッフが大量退職し、規模を大幅に縮小せざるを得なくなってしまった。

転落

誰も決めず、誰も責任を取らない

B歯科医院は、地元では知らない人のいない、いわゆる「ブランド歯科医院」でした。このブランドを築いたのは先代の院長で、スタッフ6人のうち、先代から勤めているスタッフが4人を占め、先代の設備・運営方法をそのまま引き継いでいました。

医院を引き継いだ二代目の院長（息子）の技術や知識に問題はありませんでしたが、優柔不断なところがあり、意思決定はベテラン税理士に丸投げでした。経理実務だけでなく、医院経営の根幹に関わる意思決定（設備投資、事業計画、人事など）にも関与している状態だったのです。

そんな折、長らく信頼関係のあった税理士が交代したことから、医院の経営方針が何も決まらない事態となり、日常業務で使用する材料の発注すら誰も決められない状態となり、診療に支障が出てきてしまいました。

B医院は規模もそれなりに大きかったのですが、部門別の責任権限の委譲がなされていない状態で、「優柔不断」と自他共に認めるような院長に全ての意思決定が持ち込まれる形になったのですから無理もありません。

開店休業状態に！

その結果、スタッフの士気が極度に低下し、ブランド医院としての信頼もなくし、患者さんの中断も急増。

「誰も決めず、誰も責任を取らない」という風土が形成された結果、スタッフの不正な金銭管理、医院経費での私物の購入、不正請求、自費診療の請求漏れ、対応された形跡のないクレームなどが多数発覚。結果、先代のころから勤めている４人を含めて、６人ものスタッフが退職する事態となってしまいました。悪評判も広がり、暗く寂れた雰囲気となり、ほとんど開店休業状態に陥ってしまったのです。

「丸投げ」と「権限委譲」の違い

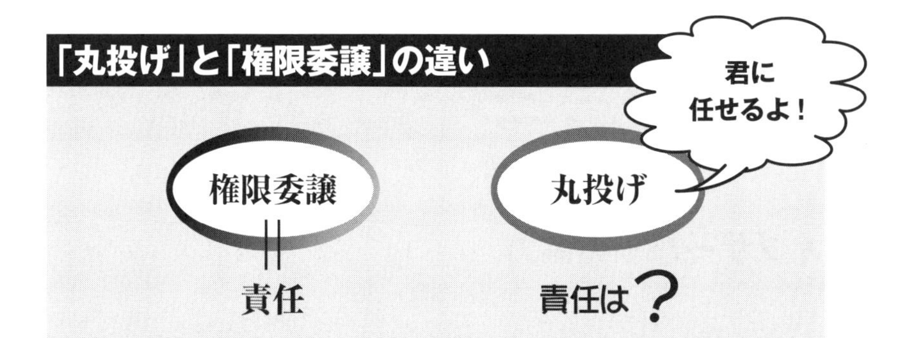

実は、経営者の「優柔不断」自体は、それほど大きなリスク要因ではない。問題は、誰が、どのように意思決定しているかというプロセスにある。

「君に任せるよ」的な意思決定の丸投げは、意思決定に誰も責任を負わない経営体質を生むリスクをはらんでいるため、重大なミスにつながりやすい。

中規模以上の医院で必要となる権限委譲と、丸投げとでは質的に異なる。権限委譲とは、

- **どのような目的での業務か？**
- **意思決定権の範囲はどこまでか？**
- **意思決定の記録はどこにすればよいか？**
- **判断に迷ったときの相談のルールは？**
- **結果に対してどのような責任が伴うか？**

などを明示して任せるもの。

経営の世界では、「君に任せる」では、何も任せたことにならない。また、「誰が決めるのかわからない」「誰に責任があるのかわからない」という状態は、過度の意欲弛緩、コンプライアンス違反を招くので注意が必要。

再生

オブザーバーの協力

「優柔不断な自分だけでは立て直せない」と考えたB院長は、復活のために外部のオブザーバーに協力を依頼しました。皮肉なことですが、これが院長が自分自身で行った最初の意思決定だったと言えるかもしれません。

スタッフとオブザーバーを交えて、話し合いが連日のように行われました。オブザーバーは、事前に家族や税理士などから院長のことを聞いた上で、現状の問題点を指摘していきました。「意思決定ができない真の理由を明らかにし、スタッフと問題意識を共有できなければ再生はない」との言葉が、院長の心に鋭く響いたようです。

意思決定を妨げる「心の壁（ブレーキ）」の理由は、無意識のうちに「この医院のブランドは先代が築き上げたものだから、自分が変えてはいけないのではないか」と思っていたからだと、オブザーバーは考えました。

これはスタッフにも言えることで、

・「自分ごときが意見を言えるわけない」という思いが心の壁になる

のです。ブランド医院に限らず、規模の大きな組織では必ず発生してしまう意思決定放棄に至るリスク要因です。

理由は「あきらめ」にあった!

ある日、夜遅くまでミーティングを重ねていると、院長の口から思いがけない言葉が飛び出しました。

「実は、この医院を継ぎたくはなかった……」。

オブザーバーは驚きましたが、ミーティングメンバーは、その気持ちがわかるような気がしたとのこと。継ぎたくなかった理由は、「この医院は自分の意思によって運営できるような代物ではない」という重圧にあったのでしょう。

そして、医院を継承した後も「自分のもの」という意識が芽生えずに意思決定を遅らせてしまい、「自立しなければ」という焦りばかりが先走る。これが「優柔不断」の原因だったようです。

経営に失敗した経営者が立ち直るきっかけになるのは、自分自身を冷静に見つめ直すこととされていますが、「これ以上悪くなることはない!」と、腹をくくった瞬間、新たな希望が見えることが少なくないのです。B院長も、そのような気持ちだったのではないでしょうか。

B院長の優柔不断は、もちろん生まれつきの性格もあったようです。何も考えずに歯学部に進学し、そのまま大学院まで進み、教授や指導医、先輩からの指示で行動する毎日に何の疑問も抱かなかったとのこと。30歳を過ぎて、やっと自分の力を試してみたいと思うようになったころに、先代がつくり上げた歯科医院に継承者として戻ることになったのです。

ある程度覚悟していた事態とはいえ、この時点で、自分の医院を自分で立ち上げるという自立の夢は閉ざされたのです。

器材、患者数、患者層、スタッフの質も文句のないブランド医院を引き継げるという恵まれた条件で、「この医院では何も自分の意思通りにはならない」とあきらめていました。

ここまでの話し合いで、「ダメになってしまったのだから、新しくつくり直そう！　まずは使っていない器材や本も処分しよう」とマインドセットの方向性が明確になりました。新しくつくる医院こそ、B院長の意志や夢を反映したものになるはずです。

もはや、かつての優柔不断さは見られませんでした。もっとも、この決意をスタッフに直接伝えることはできず、オブザーバーの口を借りなければならなかったところに、B院長らしさが出ているのですが……。

ブランド医院にありがちなリスク

Famous DENTAL CLINIC

ブランド医院には、先代のころから勤務する、院長の子ども時代を知っているスタッフが何人かいるもので、医院の理念や基本姿勢の継承といった面ではもちろんプラスもあるが、人によってはなかなか難しい人間関係を強いられることになる。

これによって、「自分の意思は通りそうもない」と、新しい院長があきらめてしまう例は、実はそれほど珍しくない。

「経営者は自分」という自覚が芽生えた！

いらない物を処分するとともに、これまでの問題点の洗い出しを行い、以下のようにホワイトボードに書き出していきました。

これまでの問題点

■ 診療上の問題はないが、アフターフォローもなかった

「患者さんとの会話などはスタッフに任せきりでいい」と考え、患者さんの不安に気付かなかった。

■ 医院の強みを認識していなかった

現状どんな医院なのか、今後どうしていきたいのか共通認識がなかったため、組織が一体となって行動できなかった。

■ 患者ニーズを認識していなかった

漫然と前院長から引き継ぎ、アンケート調査などをしたこともなく、患者さんの満足度や不満がわからなかった。

■ スタッフの役割や連絡体制が明確でなかった

古参スタッフへの遠慮があったことで、かえって周囲に不安や混乱を招いていた。

■「医院のブランド」を理解していなかった

先代の診療思想自体をきちんと認識しておらず、引き継ぐ時にその思想が時代に見合っているかの検証もなかった。

そして出た結論は、「自分たちが何をしたいのか、物の置き場も含めて自分自身で決め直す」というものでした。もちろん、したいことを継続するためにはどの程度の医業収入が必要で、それは達成可能なのかも計算しなければなりません。しかし、どれも医院を運営するには当たり前と言うべきことばかりです。

この作業によって、院長自身が経営者は自分だということを自覚したのが、大きな前進だったと言えます。

新しい方針と患者ニーズの洗い出し

理念や方針を掲げる際には、それに伴うお金の流れも理解する必要があります。長年の実績で定期来院者数はある程度見込めたので、予防管理型の歯科医療を確立するという方針を立てました。そのために、歯科衛生士を少なくとも1人確保し、実績を現状より月200万円ほど増やす(継承前の実績の半分くらいに戻す)ことを目標にしました。それには、一日の患者数を、現在の10〜15人程度から30人くらいに増やさなければなりません。

次に、「これまでどのような患者さんが来院していたのか」を過去のデータから洗い出し、先代のころに勤めていたスタッフにも尋ねて「前の姿」を知ることに。これは、地域住民がB歯科医院に何を望んでいたのかを知るためです。

調査の結果、引き継いだばかりの時には高齢の患者さんが多かったのが、近年は若いファミリー層の割合が増えてきていることがわかりました（200家族、600人ほどの新たな患者が増えていた）。つまり、患者ニーズの上では「新生B歯科医院」が自然に出来上がっていたことになります。

「先代のやり方を守る必要はもはやない」。

これがB院長が得た確信でした。

全員で新しいルール作り

内部の問題における最大の原因は、院長の指示が一貫していないところでした。院長自身、何がしたいかわからなかったのですから当然で、古参スタッフへの遠慮もあったでしょう。スタッフの側も、「お坊ちゃまに何を言っても始まらない」などの不信感があったのは事実のようです。

そこで院長は、「ボクは自分では決められない優柔不断男だから、今いる皆で全く新しいルールを作ろう！」と提案。自信にあふれた目でした。全員でルール作りをすることで、報告・連絡・相談がしやすい関係性を築けると期待していたのです。以前は何となくギクシャクしていた人間関係が、これを境に一変していきました。

患者フォローについては、スタッフとの情報と価値観の共有、役割分担の明確化ができれば、それほど難しい課題ではありません。

患者データから、院長と近い年齢層が多数通ってきていることがわかったため、ターゲットを絞り込み、家族単位で要望を傾聴し、診療に反映するようにしました。数値的な目標としては、現在の200家族を、さらに50家族増やすことに。

一日来院者数15人増、定期来院者数200人以上増は、達成できない数字ではありません。経営者としては疑問符の付くB院長でしたが、父親譲りのウデがある上、決して手を抜かないという強みがあったからです。診療の質への信頼は維持されていたため、医院の雰囲気さえ戻れば患者さんも戻ってくると、誰もが確信しました。

そのためには、歯科衛生士の増員が急務ですが、退職していった歯科衛生士に連絡したところ、「今は別の医院に勤務しているが、B歯科医院の変貌ぶりは聞いているので、知り合いを紹介したい」と言ってくれました。

地元からあまり離れずに仕事をしている歯科衛生士の情報ネットワークのスピードと正確さは驚くべきもので、経営が悪くなればそれが風聞として伝わりますし、復活を遂げれば、その噂も広がってくれるもののようです。

さらには、うれしい誤算もありました。スタッフの大量退職によって固定費が下がり、いろいろなことを自分で行うことにより、何をスタッフにさせて、何を自分ですべきかが選択できるようになり、根本的な無駄取りができたのです。

さらに、医院運営に関して、スタッフといくつか約束もしました。いずれも特別な改善案ではありませんが、着実にクリアしていった結果、経営環境は大量退職から半年で次第に良くなっていきました。

当面の運営におけるスタッフとの約束事

① 継続性の高い患者さんを増やしていく
② 家族単位で口腔の健康づくりの継続的なお手伝いをすることを伝える
③ 患者説明は、基本的に院長が行う。院長が診療に集中できるように、スタッフができることはルール化しておく
④ 自費の説明は、契約書を作っておき院長が行う。大まかな治療計画を作成し、スタッフはそれを事前に確認しておく
⑤ 新しいことを行う場合は、ミーティングでルールを決める
⑥ 不明確なことは、今までどうしてきたかをまとめ、それを基準に行う。問題がなければルールとして決める
⑦ 患者情報は、「患者ノート」「家族ノート（旧家族調書）」に必ず記録する
⑧ 朝ミーティングは必ず行い、今日の患者情報、昨日の問題点とその対応、報告事項（各担当で他の人も知るべきことなど）を話す
⑨ 材料購入は担当者を決め、コスト効率（何に使うか、費用、質、在庫状況）を考えて行う。先代のころ購入した使っていない在庫は処分する
⑩ 材料の納入などの日常業務以外の業者さんへの対応は、スタッフが落ち着くまでは昼休みに院長が行う
⑪ スタッフの採用は、当面は歯科衛生士を優先して行う

優柔不断さがなくなってきた

院長が新しいことを決断するのに時間がかかる……という相変わらずの面もあるものの、スタッフを不安にさせたりするほどではありませんでした。進むべき方向が明確になり、自分の考えで進めていけるという院長の充実感が､医院を明るくしていたとも言えます。

患者さんへの説明やスタッフへの指示などにも、以前はなかった余裕が感じられるようになりました。心の中にあった迷いや遠慮、逃げたいという気持ちがなくなったからにほかならないでしょう。

経営目標の達成にも明るい期待が生まれてきました。院長が口腔内状況と治療計画を丁寧に説明するようにしたため、自費診療を受ける患者さんが増えてきたのです。また、患者さんの年代層の変化に伴い、全顎的な治療から、審美的な治療へのニーズも増えてきました。これはB院長の目標とも一致していました。

取引銀行との交渉

次の課題は、運転資金と次の改装費などを融資してくれる取引銀行との交渉です。すでに「倒れる」状態になってしまったことは伝わっていましたが、「ファミリー層をターゲットとする定期管理型の歯科医院に変わりつつある」「ゆっくりだが確実に改善している」「今の返済金の返済期間を延ばしてもらえれば、半年をめどに自主運営できる」などを伝え、支援してもらうことを決め、銀行の支店長への説明期日も決まりました。

患者データの分析資料、診療報酬計画、それに伴うスタッフの採用計画などもまとめ、スタッフにも説明し、医院の姿勢として、それぞれ具体的なポイントを決めました。

これらは決して特別なものではありません。大事なことは、B院長が自分の言葉として約束を掲げたことです。これが功を奏したのは言うまでもありません。

B歯科医院の再生は、明るく、そして着実に進んでいるようです。

医院の姿勢

① 今までの通院患者と、家族の通院患者を大切にし、今後の主体患者層とする
② 一日の治療の流れを朝ミーティングで確認し、スムーズな運営を心掛ける
③ 患者さんの要望を確認し、治療の流れに納得するまで、院長が十分な説明を行う

3

チーフの退職で医院が崩壊状態に

医院の改装後、チーフスタッフが退職してしまったC医院。ちょうどそのころ、近隣に新しい歯科医院がオープン。頼りになるスタッフがいなくなってしまった時期と新しい競合の出現が重なり、焦った院長は、不安感からスタッフに暴言を吐くように。

院内は殺伐とした雰囲気になり、「院長から信頼されていない」と感じたスタッフの無断退職も発生。「一体どうしたらいいのか？」院長もスタッフも混乱するばかりだった。

スタッフからのメール

ある日、C歯科医院のスタッフ２人から、「医院が崩壊し始めている」というメールが著者に届きました。

「実は今、院内が崩れかけています。チーフが退職したことも関わっているのかもしれませんが、院長があまりにも独裁的になってきているのです。以前話したこととまるっきり反対のことや、矛盾したことばかり言ったり……。このまま院長の暴走が続くなら、全員で辞めようかとも話しています」。

「院長を通さずに相談に乗っていただけないかと思い、メールしました。チーフが退職してしまい、次のチーフは私が任されることになっています。しかし、自分にはチーフは務まらないと感じています。

他のスタッフからも相談が行っているかと思いますが、実は今、院長の考えがさっぱりわからないのです。前のチーフが抜けた穴は大きく、現在のスタッフだけではどうにもならないと思っているのか、『オレがオレが!』という態度で、信用される・任されるという感じが全くしません。院長の独走(暴走?)という状態です。

以前はきちんと話を聞いてくれたり、相談に乗ってくれたりと、個人の能力や個性を生かすような役割を考えてくれていると感じていたのですが……。私を始め、『自分は医院にとって、院長にとって、必要とされていないのでは』と感じるスタッフも増えてきています。一体どうしたらよいのでしょうか?」

勉強会でお会いした際のC院長は穏和な感じで、スタッフ教育や人事管理について、「スタッフの自主性を大切にしたい」と言っていたので、これらのメールには正直、驚きました。

チーフの退職をきっかけに…

スタッフのメールの後、院長からも次のようなメールが来ました。

「昨年秋、新たな気持ちで医院運営を見直すことを決意して医院の改装をしました。その直後、今まで私の片腕のように信頼していたチーフが寿退職。このことは、大きな経営リスクと感じました。改装までした投資の効果や、減少傾向の診療報酬への不安が一気に募り、考え込むことが多くなりました(後略)」。

コアスタッフの退職をきっかけに、これまで漠然と抱いていた不安感が噴出してしまったようです。

新しいチーフのMさんは、院長が見る限り、「医院全体を考えるより、自分の主張が多い」とのことでした。これも不安・不満がたまる要因となったようです。

さらに、近隣に新しい医院が出来て患者さんの転院が進んだことも（思い込みだった節もある）、院長の不安感を煽りました。業績改善を期待した改装も、近所に斬新なデザインの医院が出来たことで、投資金額の大きさだけがマイナス要素として感じられるようになり、その投資を悔いる気持ちも、募る不安に拍車をかけたのでしょう。

そして院長は、スタッフの行動や発言に耳を貸す余裕さえ失い、「辞めてしまえ!」「こんなこともできないのか!?」「何様のつもりだ!」などの暴言を繰り返し、医院の雰囲気は最悪になってしまったのです。

増える「いら立つ院長」

ごく普通の歯科医院でも経営に不安感を抱く時代になり、経営環境が悪化し、不安やいら立ちからスタッフに暴言を吐く院長が増えている。結果、スタッフの自主退職（実際は解雇に近い）が続き、恒常的にスタッフ教育の問題、採用コストの負担などがのしかかり、大きな経営リスクを抱えた状態になる。

過去の蓄積がある医院なら何とか持ちこたえられるだろうが、ぎりぎりの状態の医院は早めの対処が必要となる。

不安の過大解釈

この3人のメールや言動からは、医院を改善するためのエネルギーや意欲は全く感じられませんでした。特に、院長のメールには、新しく運営の主体となるMさんについて、退職したチーフと比較したマイナス点のみが挙げられていました。院長がこのような感覚を持っていると、スタッフが「自分は必要とされていない」と感じてしまうのも当然のことでしょう。

そもそも「チーフが抜けた穴は大きい」と、院長も他のスタッフも感じていたようですが、客観的に見て、前チーフがそれほど有能だったわけではなく、経験値で埋めていける穴に思えました。

次のチーフに選ばれたMさん自身が、「自分には務まらない」と思い込んでしまっていることも問題です。前チーフに劣らぬ能力を持っていたのに、院長の「ダメだな」という言葉に自信を失っていたのです。

院長がスタッフを信頼できず、スタッフがやる気を失くしてしまうというのは、どこの医院でも日常的に起こり得ることですが、経営リスクにまで発展してしまうのはよほどのことです。

院長が問題を「抱え込む」状態に

C医院のスタッフは、院長以外に歯科医師1人、歯科衛生士2人、歯科助手4人、受付2人、歯科技工士1人、クリーンスタッフ1人の計12人。ユニットは7台と、その地方都市では大規模医院に分類されていました。近くに新しい医院が出来るまでは、患者さんからはまずまずの評価を受けていたようです。

しかし最近、人口の増加がない一方、地域開発で大型のショッピングセンターが誘致され、競合する歯科医院が、かなりのペースで増えていました。

このような周辺環境の変化も影響したのか、患者数は数年続けて減少していました。開業後10年たち、開業当初から勤めているスタッフは前のチーフ1人だけになってしまい、いつの間にか彼女がコアスタッフとなり、それに依存するような雰囲気が出来上がったのかもしれません。

スタッフの平均年齢もこの数年で一気に若返り、相互に横たわる不信感の陰には、院長との世代間ギャップもあったのでしょう。

ここ数年では平均勤務年数が1年にも満たないほど、スタッフの入れ替わりが頻繁になっていました。何かというとスタッフを怒鳴りつけることが多くなった根底には、「素人集団を率いていかなければならない」という院長の不安感があったようです。

若いスタッフからすると、適切な指示もないのに、いきなり院長から怒鳴られるため、「医院に行くのが憂鬱になって欠勤 ⇒ 結果、また暴言を吐かれる ⇒ 逃げるように退職」という悪循環が出来てしまったのです。スタッフのモチベーションは最低レベルで成長の見込みはなく、さらに院長のストレスは増大しました。これでは、スタッフマネジメントどころではありません。

「短期的に総入れ替えに近いスタッフ変更が繰り返される歯科医院は危ない」と言われる理由は、今どき、スタッフの求人が困難になってきているだけでなく、院長とスタッフの安定した人間関係が構築できていないことそのものが経営の継続性を危うくするためです。院長は「スタッフが伸びない」「やる気が見えない」と不信感を募らせ、スタッフは「信頼されていない」「独裁者みたい」と不満を増大させていくのです。

しかし、このような歯科医院でも、以下のような人員規模に応じた対応を取れば、退職が繰り返されることもなくなり、退職があっても医院経営への影響は低減します。

・院長とスタッフとの間に、複数の調整役となる中間管理職的な存

在を明確化する

・あえて主要業務をマニュアル化することで、評価・教育の透明性を確保する

C医院では、いずれの対応もせず、チーフ一人に依存していたため、チーフの退職によって院長のスタッフマネジメントに対する苦手意識が一気に大きくなり、問題を「抱え込む」状態になってしまったのです。

ついには無断退職まで！

さらにその悪循環は、若いスタッフ対新チーフMさんという形で、スタッフ間の対立に発展してしまいました。Mさんが若いスタッフの発言や行動をそのまま院長に伝えた結果（と本人は思い込んでいたが、かなり主観が入っていたようだ）、「あいつら、そんなこと言ってるのか！」と、院長の不信感をいっそう深めることに……。若手スタッフの側からすれば、「告げ口をしている」としか映りません。

Mさんには決して悪気はなかったのですが、伝言ゲームのような形でかえって情報が偏って伝わるようになり、これが院長とスタッフの間の溝をより大きくしたのです。

スタッフの間には院長への不信感がたまり、「このままでは自分がダメになってしまう」と言い残して、翌日から出勤しなくなるスタッフまで出る始末でした。院長の不安感から生まれた小さな傷口は、さまざまな悪循環から大きな傷となり、スタッフと院長の人間関係は修復不可能なところまで進んでしまったのです。

再生

真の原因を明確にする

チーフスタッフの退職を機に、院長が不安を募らせ、院内のムードが悪化して退職が相次いだC医院。復活のために、残ったスタッフと外部のオブザーバーを交えて、連日のように話し合いが行われました。

外部のオブザーバーは、事前に会計士からC院長のことを聞き、そのデータを基に、現状の問題点をあぶり出し、改善事項を指摘していきました。

過去の患者データを調べてみると、実に幅広い年齢層の患者さんが通院していることがわかりました。これは、C院長が何となく感じていた患者傾向とはかなり違いがありました。もともと高齢の患者さんが多く、患者数は全体として減少傾向だったのですが、実は若いファミリー層が増えていたのです。

C院長は「患者層の主体を若いファミリー層にしてみるのもいいかもしれない」と前向きな気持ちになりました。

- **主な患者層を特定すると、そのターゲット層を増やすために具体的な努力ができる**

と言えるでしょう。何をすればよいのかが明確になれば、診療にも集中できるようになります。「スタッフへの明確な指示がない」といった問題の解決にもつながっていきました。

この「方向性を明確にした上での指示」により、医院運営がスムーズに流れてきていることに、院長とスタッフは気付き始めました。

外部オブザーバーの指摘事項
① 医院の理念を決める
② 医院の強みを明確化する
③ 過去からの医院データを分析して現状を知る
④ 患者さんが何を求めているのか把握する
⑤ 治療について患者フォローをもっと行う
⑥ 各スタッフの役割を明確にし、適正に評価する
⑦ スタッフに明確な指示を出す

院長の改善意欲

先が見えてくると人間は前向きになり、どんどん変わるもの。まず、若いファミリー層を確実に増やすためには、若い家族にとって魅力的な医院にならなくてはなりません。そこで、「治療だけでなく、小さな子どものいる家族の継続的な口腔管理をしていこう」と考えました。その時C院長の頭に浮かんだのは、「自分が考えるより、歯科衛生士に任せてみよう」ということ。これは、今までの院長にはない発想でした。

医院の会計業務を行っている税務会計事務所の担当者との話し合いでも、思ったほどの収益性の落ち込みはなかったので、C院長は安堵しました。医院を改装して快適にし、説明をわかりやすくしたことが、いつの間にか大きな力になっていたようです。もし、質を軽視して数だけをこなす医院であれば、この改善は見込めなかったでしょう。

大規模化は「性悪説」で

「人の問題」が避けがたい大規模法人で成功している歯科医院には、次のような共通点がある。

※「性悪説」に立って、管理マニュアルと評価基準を確立している

「経営は人」だからこそ、スタッフの人格ややる気、良心に依存したまま経営規模を拡大するのは危険ということなのであろう。

歯科に限らず、ある程度の規模の事業体は、従業員の良心ややる気に依存してはいない。特に、アメリカから「コンプライアンス」という概念が輸入されてからは、「従業員や組織は放っておくと悪事を働く」というアメリカの常識が、まじめな日本人の風土に明らかに合わないものであるにもかかわらず、あらゆる業種業態に浸透してきた。そうなると、人は本当にコンプライアンスで縛られなければならない存在になってくる。

今後、経営者やスタッフの人格に関わるトラブルは、残念ながら「性悪説」「コンプライアンス」に基づいて対応せざるを得ない方向に向かうことが予想される。

かなり厳しい経営を覚悟していた院長にとって、医院を低空飛行ながらも維持する見通しが付いたことは、大きな力になりました。

改善には、以下の両方の施策が必要と言えます。

- **短期的に結果が出る施策（マニュアル化など目に見えるもの）**
- **じっくり取り組む施策（診療方針の転換や、態度教育など目に見えにくいもの）**

じっくり取り組む施策は、「一人一人の患者さんを大切にする」「若いファミリー層を家族単位で増やす」ということです。

その施策には、スタッフも賛同していました。「丁寧に患者さんの記録を残すことで医院の強みにしよう」という決意は、おのずと行動に表れるようになりました。

この、じっくり取り組む施策の結果は、次第に表れ始めました。患者数が少ないこともあって、じっくり話を聞くという丁寧な対応や、きれいに維持された医院が、好感を持たれるようになったのです。

これらの積み重ねで、院長の気持ちにも余裕が出てきました。そして、日々の患者さんへの説明、スタッフへの治療の指示など、見違えるほどの変化を見せたのです。

4

分院設立で法人の業績が一気に悪化

開業して順調に成長し、数年後に一人法人認可を受け、さらに10年が経過。D院長の積極的なコンサルによって自費診療の契約率も高く、法人の経営状態は良好だった。

そんな時、懇意にしている業者からの勧めで、経営の悪い医院を引き受け、分院とすることに。「オレなら建て直せる!」との自信があったようだが、分院設立を機に法人の業績が一気に悪化。蓄積してきた過去の資産もマイナスとなり、スタッフの士気も低下する一方。このままでは法人自体がつぶれかねない!

どう復活?

順調に規模拡大はしたが…

D法人の本院は、D院長が大学を卒業後、勤務医を経て若くして開業した医院です。数年サイクルで改装を繰り返し、相応の規模の医院になっていました。しかし、システム化された組織運営ではなく、院長のエネルギーと行動力で維持しているような状態でした。

また、スタッフ間での情報共有はほとんどなく、スタッフごとの対応の違いがそのまま患者さんの満足度を左右していたため、規模が大きくなるに従い、患者さんからのクレームも増えてきていました。しかし、院長に伝えると怒られるかもしれないという恐れから、誰も知らせていなかったのです。

ただ、一時期より新患は減っているものの、院長の自費診療への誘導型コンサルによって、売り上げは増加傾向が保たれていました。そのため、表面的には「成功している医院」と言えたかもしれません。

院長の道楽で生まれた分院

「今度、分院を持つことになったから、よろしく」と、朝礼でD院長から突然発表がありました。スタッフには事前にほとんど知らされておらず、「医院が増えるらしい」程度の認識しかありませんでした。

業者に法人の節税対策にもなるからと言われて、不採算状態の医院を引き受けたものでした。

業者の強力な勧めがあったのは言うまでもありませんが、「他の歯科医師がダメでも、自分が経営すればうまく軌道に乗せられる」、つまり、自費診療のコンサルをこの医院でも行えば、一気に黒字化できると思ったからでしょう。

元の持ち主の院長が立地も考えずにつくったため、面積が広く贅沢なレイアウトである一方、自費診療を強化しなくては経営が成り立たない要因がいくつもありました。

まだ新しい内装を壊し、イメージを変えるほどの大がかりな改装をしたり、CTなどの高額機器を導入したりしたことで、予想していた予算の数倍にもなり、居抜きの費用的なメリットはゼロ。経営的な視点がない、趣味的な志向の強い分院が出来上がってしまったのです。

分院の不安材料

① 家賃が高い
② 契約面積の割に、医療設備の面積が狭い
③ 最新の医療設備が整っていない
④ 狭くてごみごみした裏道にあり、駐車場もない。自費の患者さんの通院が望めるような環境でない

分院の赤字が本院の利益を食いつぶす

分院の収支は、一度も単月で黒字になったことがなく、本院の利益を食いつぶしている状態でした。分院を開くための初期投資で、今までの法人の蓄積を一気に使い果たし、D法人は自転車操業状態に。

本院のスタッフに「分院の犠牲になっている」という被害者意識が生まれ、分院のスタッフを見下すような発言が出るようになりました。

そして、分院スタッフの方は、「効率が悪かろうが、言われたことをしていればいい」「D院長が勝手に投資したことなのに、私たちが責められるのはおかしい」という感覚が蔓延するように。

本院も、スタッフの士気低下によると思われる接遇面の悪化に伴い、患者数は大きく減少し、D院長の自費コンサルの成約率も一気に低下。法人全体に大きな影響が出始めたのです。

D法人の問題

① 院長のトップダウンで、スタッフは運営判断に関われない
② 院長の個性が強すぎて、スタッフの能力が生かせていない
③ スタッフのモチベーションが著しく低下している
④ 金融機関からも、「不良化した分院の整理をしない限り、経営支援はしない」と言われている

冷静な判断ができずに…

しばらくはD院長やその親族の給与を減額して、何とか赤字にしないようにしていましたが、顧問税理士などは、居抜きで法人に組み込んだ「不良化」医院を、できるだけ早期に処分することを進言。

しかし、D院長は大風呂敷を広げて分院の成功を公言していたので、「今まで投資を行って分院を維持してきた。もう少し頑張れば、いずれ地域に信頼され、経営状態は一気に改善するだろう」と、見直しよりも、体面の維持を選択してしまったのです。

経営において、見栄、理由のない恐怖、うまく説明できないこだわりなどの感情に支配されてしまうのはよくあることですが、D院長も、傷口が小さなうちに再生するタイミングを逃してしまいました。

そのような折、金銭管理上のストレスから、院長自身の体調も思わしくない状態になり、とうとう緊急入院することに!

再生

大ピンチがチャンスに！

大ピンチと思えた院長の入院という緊急事態は、むしろ停滞していた改革を一気に進める後押しとなりました。院長自身も、この状態では分院の管理ができないため、分院を整理するという決断を下さざるを得なくなったのです。

そこで、まず顧問税理士がD院長の了承を得て、「改革チーム」を選出。そして、分院譲渡のための資料作成に入りました。それと同時に、「改革チーム」が現状の分析を始めました。

改革チームによる分析

・D法人は長年の実績からかかりつけの患者さんが多く、自費診療も継続患者からで、成約比率（院長のコンサルの効果が大きい）もまずまずだった　**➡再建できるめどがある**

・開業からのスタッフも数人残っていて、大きな動揺はなく済んでいた　**➡A法人の再建に協力的なスタッフがいる**

また、「改革チーム」のメンバーが分院の歯科衛生士などを説得し、本院に移動させました。この結果、分院はさらなる減収となりましたが、本院の収益が上がったことで、法人全体の収益は徐々に回復し始めました。

これによってD院長の迷いは一掃されました。本院を着実に黒字化していけば、「法人の倒産」という最悪のシナリオは回避できるめどが立ったのです。

「トップダウン」から「スタッフ主導」へ

「改革チーム」は既存スタッフの意識調査を含めて、人事評価の見直し作業を行いました。また、D院長がいずれは給与をベースアップすることを主要スタッフに約束したところ、その効果はスタッフのやる気や責任感の上昇という形で現れました。今まで院長のトップダウンだったのが、主要スタッフが参加して運営されるようになってきたのです。

経営が悪化していた時期は、スタッフそれぞれに「自分の仕事さえ問題なければいい」という自己保身的な発想が強くなっていたのですが、この改革により、医院を自らの手で守るという機運が生まれました。

また、スタッフ主導の運営に移行したことで、患者数や売り上げも一気に改善に向かい始めました。その顕著な指標として、新患数の倍増が挙げられます。内訳を見ると、口コミや紹介による来院が増えており、スタッフ自身手応えを感じていました。D院長一人が孤軍奮闘していた時よりも、明らかに医院には勢いが出て、明るくなってきたのです。

スタッフからの提案によって現場のニーズに気付くことも多いため、D院長も、自分のワンマンな行動が好調な法人を瀕死の状態に向かわせていたのだということを痛感しました。

自己反省できるのは、得てして余裕が出てきた時期であるものです。「体制の見直しを早期に行い、この法人をスタッフ自らで運営してほしい。これから目指すのは、みなさん全員で自主性を持つ組織にすることです」と宣言した院長。今まで、「スタッフは指示したことをやってくれればいい」と言っていたD院長の大きな変化と言えるでしょう。

自費診療の契約率の向上

体制の見直しによって、院長に依存していた自費のコンサルにも変化が現れ始めました。

分院開院のころから、本院では勤務経験が長い歯科助手２人が、コーディネーターとして活躍を始めていました。その目的は、D院長の自費のコンサルを補うものでしたが、今では自主的に患者対応を行い、自費診療の契約率も高くなっていました。歯科医師が行った説明の補足、治療費についてなど、個々の患者さんが気になるところに焦点を合わせた丁寧なコンサルにより、患者さんの信頼が一気に高まったためです。

患者さんとの関係が良くなることで、患者さんから声をかけられることも増えてきて、スタッフの動機付けにも大いに役立ちました。さらに、スタッフが自主的に開始したことに、患者管理の仕組みがありました。

- **離れてしまった患者さん**
- **継続して来院している患者さん**
- **患者さんを紹介してくれた患者さん**

に分けて、それぞれに応じた対応をしてみることにしたのです。

すると、面白い結果が導き出されました。

- **自費診療を選択した患者さんのほとんどは、継続来院者**
- **急患は、受付が苦労してアポイントを入れても、主訴が改善され**

ればいつの間にか中断していることが多い

ということがわかったのです。

このような傾向をもっと分析すれば、D法人が大切にすべき患者層がわかるはず。それをうまく活用すれば、もっと医院は安定するという提案が「改革メンバー」の受付担当者からありました。

再建の道へ

そしてD院長は、再建のためにメインの金融機関ときちんと話し合うことを決断しました。

分院の売却により、不良債権が発生します。分院を取得する際、債務の継承によって多額の借り入れが残っていたためです。

売却整理によって得る金額は、借入金の残高よりも少なくなることがはっきりしたものの、その追加借り入れの返済金は、金融機関との交渉次第で、月々発生していた分院からの不足金よりも大幅に減ることになりそうです。

再建に向けた次の大きな一歩が動き始めたのです。

5

親子継承で息子夫婦と対立

地方都市で開業しているＥ院長は、周囲の継承ラッシュに焦りを感じ、都市部で勤務医をしている長男を呼び寄せて医院を継承させようと考えた。都会での生活にこだわる長男とその妻は帰郷を渋ったが、Ｅ院長の入院騒ぎをきっかけに、地元に戻って医院を継ぐことを決意。

しかし、「地域に根付いた診療をしていきたい」Ｅ院長と、「都会基準の最先端治療をしたい」長男夫婦との思惑がすれ違い、医院の雰囲気は悪化し、スタッフの退職を招いた。継承中止もやむなしの状態だが……。

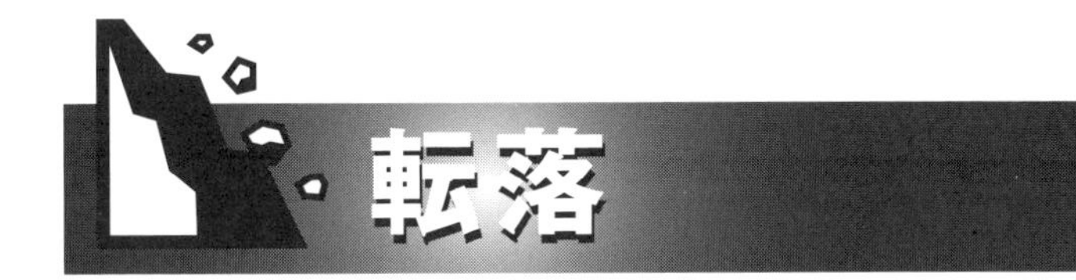

地方都市の医院を「息子に継承したい!」父

E医院のある地方都市では、2代目の継承ラッシュが起きていました。周囲から継承のニュースやあいさつ状を受け取る中で、E院長も、自分の医院を長男に継承したいと焦るようになりました。

これまでに築き上げた評価と地盤を、都市部で頑張っている息子が継承すれば、大きな成功とはいかないまでも、安定収入が得られるという確信がありました。

医院の実績はまずまずで、スタッフは歯科衛生士が2人、助手兼受付が3人、院内歯科技工士が2人の体制。借り入れはCAD/CAMなど医療機器の導入費用などが少し残っている程度でした。一括返済もできたのですが、金融機関とのお付き合いという意味合いで借り入れたものです。息子が継承する時に、増改築資金の協力を求めたいとの意図があったからです。

長男の歯学部卒業、化学系の大学研究室に在籍していた次男の歯学部への編入学を機に、医院の隣に土地を確保。「後は息子たちが帰ってくればうまくいくはず」と期待を膨らませていたのです。

よくある親子継承の問題

経営方針の対立による親子継承の問題を、よく耳にするようになってきました。「診療方針の世代間ギャップ」「サービスやスタッフ管理の在り方への考え方の違い」「親子ゆえの甘え」などが主な原因ではないかと思いますが、スタッフを巻き込み、息子の嫁まで絡んで、いっそう複雑になっていることも少なくありません。そしてこの親子問題が、時として大きな経営リスクになることもあるのです。

親子問題が起きている医院で、息子にその理由を聞くと、「単に勤続年数が長いだけで、能力もないスタッフを評価しているのが理解できない」とか、「父親の経営スタイルは古いので、話し合っても意味がない」という言葉が返ってくることが多いのが気になります。

さらに、嫁の希望や子弟の教育問題などで大都市圏から離れたくないというのも、昨今の地方歯科医院の「跡継ぎ不足」の大きな要因になっているとされています。

「都市部で開業したい」息子

長男は大学卒業後10年を経て、都市部で大型法人の分院長として診療に当たる一方、精力的に勤務先の法人運営に寄与していました。都市部での生活に慣れた長男は、地方都市での医院経営には消極的で、継承は父親のリタイヤ後に考えればよいと思っていたようです。

また、長男の妻も、今後の子どもの教育環境などを考え、都市部での生活を強く望んでいました。これも、地方での医院継承をためらうもう一つの理由でした。

そんな時起きたのが、E院長の入院騒ぎ。幸い大事には至らなかったものの、長男も「帰郷はやむを得ない」と決断したようです。3回ほど親子で話し合いをした後、帰郷してE医院で勤務を始めることになりました。

親子継承で一番もめるのが診療方針の世代間ギャップと言われますが、これについては、「この地の患者さんの傾向を見てから考える」ということで棚上げにしました。しかしこれが、後に大きな騒動の火種になってしまったのです。

同じ診療室で診療が始まると、「息子はおかしなことをしているのではないか」「親父のやり方は古い」とお互い不信感を募らせていきました。次の世代への継承を考える世代の歯科医師には、地域医療で地道に仕事をこなす「職人肌」や、フルマウスの審美補綴などに憧れを持ってきた「芸術家肌」の人が多いものです。「経営者」としてのセンスを身に付けてきた息子世代とは、同じ歯科医師でありながら、違う業態の職業人であるとも言えます。

親子で経営方針に食い違い

親子問題が顕在化したのは、「大都市に負けない歯科医院にしたい」という息子との意見の食い違いでした。E院長は「診療設備などはお前の好きにしていい」と言っていたため、長男も自分の理想とする医院づくりを進めていました。

長男は勤務を始めるに当たり、「現在、大都市で実践しているレベルの診療を継続できること」という条件を出していました。地域性などはほとんど考慮しておらず、設備と医療の質さえ高めれば、必ず成功すると考えていたのです。

リニューアル構想については、都市部の大型法人勤務時代の人脈を頼りに詰めていきました。費用を負担するE院長ではなく、長男と妻が主導で進めた計画でした。妻は法人時代に受付のまとめ役をしていたこともあり、リニューアル業者との交渉のポイントも心得たものでした。

しかし、開業セミナーや歯科雑誌から情報を得て、メーカーのショールームで夢を膨らませる長男夫妻の構想は、E院長の望む「地域密着型」の歯科医院とは大きく異なるものになっていきました。

長男夫妻の口癖は、「競合相手は近隣の歯科医院ではなく、物品販売やサービス業である」というものでした。このような考え方の歯科医院は現在では少なくありませんが、それまで幼稚園の園医などをして、地域に貢献してきたと自負していたE院長にとって、到底受け入れられる発想ではなかったようです。

予算の増大も親子間の不信につながりました。「東京での開業をあきらめたのだから、この地方で最新の設備を入れたい」「勤務医時代の同僚の開業設備より数段上を目指したい」など、長男夫妻の目は開業地より大都市を向いていたのです。

さらに、もっと大きな問題が浮かび上がってきました。医院運営の手法に関する考え方の違いです。

E医院のこれまでの実績は、地方都市としてはまずまずのレベルでしたが、長男夫妻は「自費が少なすぎる」「保険中心で、ただの自己満足だ」と批判しました。それまでの実績を自負していたE院長は、「私の信念がわかってもらえない!」と、ストレスをためていったそうです。「この継承は失敗かもしれない」と感じ始めたのは、この辺りからでした。

医院の雰囲気がギスギス

特に我慢がならなかったのは、長年苦労して築き上げてきた医院にドカドカと入り込み、わが物顔で采配を振るう長男の妻の態度でした。

「そんな悠長な経営管理をしているから、この規模でとどまっているんですよ」と言われ続けるうちに、「何様のつもりだ!?」と憤りを覚えるようになってきました。

今まで大切に育んできた医院の雰囲気は一変し、ギスギスした空気が漂うようになりました。やがて、かつてのスタッフは1人を除き6人が退職してしまいました。それに伴い新規スタッフを採用しましたが、極端な自費志向や院内風土の悪化から患者数が減少し、結果的にスタッフ数を絞らざるを得ない方向になってしまいました。

自費診療に大きくシフトしてからは、患者さんとのコミュニケーションに時間を割いていたのですが、スタッフ不足から慢性的に慌ただしい状態が続いていました。高額機器を入れた大規模医院で、高付加価値の歯科医療を推進しようとした長男夫妻でしたが、実際には、忙しさからかえってサービスレベルの低下を招く結果となってしまったのです。

E院長としては、新しく「若先生」が加わることで、医院が活性化することを期待していたのですが、スタッフの心の不安定さによるサービスの低下、旧体制を批判する長男夫婦の言動に不満・不安を覚えるようになり、やがてそれは怒りの感情に変わっていきました。このまま継承を進めるか、自分の手で閉院するかという、大きな選択を迫られることになったのです。

まだ医院の増改築には本格的に着手しておらず、借り入れ額は計画の一部にとどまっていたため、相応の損失を覚悟すれば継承を中止できる段階ではありました。

再生

第三者に仲介を依頼

長男への医院継承の過程で、経営方針の対立により医院の雰囲気が悪くなり、スタッフの大量退職を招いてしまったE医院。この医院を復活させるため、第三者に仲介を依頼したのはE院長の妻でした。

E院長の妻は、親子が同じ仕事場で働くことは難しいと考え、医院存続のためには、次の世代に任せることが最良と考えていたのです。

もちろん、「今まで大切に接してきた患者さんを、長男に任せられるのか?」という心配もありました。技術的なことよりも、患者さんの背景もよく知らない若い歯科医師が、良い治療法だといって簡単に診療指針を変えたとしたら、患者さんは困惑するでしょう。

第三者を交えた話し合いの焦点は、以下のようなことでした。

話し合いの焦点

・本当に継承したいのか?(院長、長男の両者の立場から)
・診療方針と医院のリニューアルに関する方向性をどうするか?
・継承後の医院の運営方針は?
・既存患者への対応は?

話し合いを重ねる中で、E院長の本音が見えてきました。

「継承はずっと悩んで結論を出したことなので、少々の問題は覚悟していた。長男の『大都市で開業する昔の同僚にも負けない設備の医院にしたい』という気持ちも理解できる。銀行からの資金のめども付いたので、医院の増改築も含め、支援する覚悟はある」とのことでした。

地域性を無視した長男の運営方針、そして過去の実績を否定するような長男の妻の発言が許せなかったため、全てのことに否定的にならざるを得なかったのが実情のようでした。「帰ってきてやったのだから、要望を聞いてもらうのは当たり前」という長男夫妻の態度にも、憤りを感じたのでしょう。

また、地域の患者さんとの関わりを無視し、経営セミナーの受け売りのような経営姿勢を前面に出そうとする長男の態度にも、むなしさを覚えていたのでした。

一方、長男夫妻は、父親の頑固な発言と姿勢に継承の難しさを感じ、先輩などに相談していました。長男の方には、「継承したら一気に成果を出したい」という焦りがあったようです。都市部の大型法人勤務時代の人脈を頼りにリニューアル構想を進めたのも、地域では薄い人脈をカバーしたいとの思いからでした。また、「父親に相談してしまうと、自分の理想とする医院をつくり上げることはできない」という気持ちもあったようです。

帰郷して父親が築いてきた地域の人々との絆を感じれば感じるほど、別の方法で父親を超えたいとの思いが強くなったと言います。それが、長男とその妻の強気な発言の理由だったのです。

E院長と長男夫婦の話を聞いた仲介者は、院長の妻と同様、「院長が完全に引退し、長男が医院を継ぐのが一番良い」と感じました。

冷静さを取り戻した親子は……

このような話し合いを何度か繰り返すことで、E院長も冷静さを取り戻していきました。同様に長男も、あまりに急激な変化は地域に受け入れられないことを理解し始めたようです。

E院長には、完全に診療から引退することに抵抗がありました。技術的な不安よりも、長い間診療してきた患者さんが納得するように導いていきたいという思いからでした。この気持ちは、仲介者を通じて長男に伝えられました。

長男にも、医院のリニューアルに関する方向性や基本的な運営方針に同意してくれたE院長に感謝する気持ちが見られるようになりました。

今回の改装を支援した、地方銀行の担当者との面談も行いました。銀行の意向は、「確かに、この地域の歯科医療ニーズから見れば多少オーバースペックにも思えるが、E院長の同意があれば支援は継続する」というものでした。

話し合いの結果、既存患者を、E院長の診療を継続して希望する人と、長男の診療を希望する人とに振り分け、新規患者は全て長男の担当とすることにしました。それに合わせて受付も２人体制としました。また、旧医院からのスタッフはE院長をサポートし、新しいスタッフは長男のサポートに付くことにしました。

さらに、地域の歯科医療の実態や患者さんの価値観などを考え、十分に説明を行いながら少しずつ診療体制を変化させていくことにしました。

医院の雰囲気も落ち着き

E院長と長男夫婦の歩み寄りは医院の空気を変え、次第に院内の雰囲気は落ち着いたものになっていきました。

今までの患者さんには、E院長自ら長男夫婦を紹介するようにしました。極端な自費志向によって長男から離れてしまった患者さんも、十分な説明をするようにしたところ、次第に長男に相談することが増え始めました。まさに、E院長がかつて期待していたような、医院の活性化が実現しつつありました。

仲介者を入れることによって、それぞれが冷静に今の状況を考えられるようになり、想像以上に短期間で危機的な状況から抜け出すことができたのです。継承で問題になるのは、まさに「気持ちのすれ違い」。だからこそ、その気持ちを解きほぐすのは本人同士ではうまくいかないことが多いと言えます。仲介となる人を立て、冷静になれば、互いに感謝の心というかけがえのないものを見いだすこともできるのです。

E医院のケースは、身内ゆえのやっかいな摩擦や、問題の複雑化という、継承問題の典型的な事例と言えるものでしたが、その反面、お互いの理解と補完しようとする思いがあれば、状況が一気に好転することを示しています。E院長の妻の、「親子問題を何とか解決したい」という強い思いがあったことも見逃せません。

その後のE医院は、当初の予定通りに地域の基幹歯科医療機関としての設備・環境を整備し、まさに地域のランドマーク的な医院としての評価を得るようになりました。

6

悪質な乗っ取りに遭ったものの自分にも非が…

無計画な分院開設によって運営管理に問題が生じ、勤務医の確保にも苦労するようになっていたＦ法人。

法人建て直しのため、理事長は分院を整理することを決断。資金不足で開業が難しい勤務医に、分院を譲渡することにした。Ｂ医院も整理の対象となったが、譲渡話が直前で破談に。何とかして譲渡を実行したい理事長が、かねてから開業希望だったＷ氏に話を持ちかけたのが運のツキ。乗っ取りに遭ってしまった!

譲渡話が白紙に

F法人は、かつては医院数の多さと経営効率の良さで知られていました。しかし、無計画に分院展開した結果、法人全体で運営管理、特に人事面に問題を抱えることになり、事務担当者は常に勤務医の確保に奔走していました。

その後、経営難に陥り、理事長が高齢なこともあって、法人規模の縮小を推し進めることになりました。

その方法は、開業資金が少ない勤務医に、勤務先の医院を譲渡するというものでした。譲渡金額は営業権（患者数に応じて売却金額を決める）などを含めて決めていたため、設備や規模に比例しない額になることもありました。

勤務医は、資金が確保できると「居抜き物件」より新規開業を選ぶ傾向にあり、売却契約が直前で流れることも。

定款変更（医院数が増減した時に、理事会にかけて管轄の知事に許可を得る）も含め、売却の事務的な申請まで完了していた。B医院でも、突然、現分院長が「医院譲渡を白紙にしたい」と申し出てきました。

B医院は過去に治療が終了した患者さんの損害賠償案件を抱えており、理事長は「法人で解決する」と言っていたのですが、患者側は法人だけでなく、分院長にも損害賠償を要求していました。患者さんの治療後のフォローをしていたのが、その分院長だったためです。

また、譲渡決定後に再契約の追加保証金や賃料の見直しなどがあり、当初の予定より譲渡金額が少し高くなってしまったことと、親族から資金援助があったため、もう少し良い条件で開業できる見通しが立ったという理由もありました。結局この譲渡話は破談になりました。

W氏という救世主が…？

そこに浮上してきたのが、この医院に非常勤で勤務して間もないW氏です。他院での勤務歴もあり、「B医院の譲渡を受けたい」という意志を示していました。

彼は大学在学中に父親を亡くしたため、母方の親類から学費を借りて卒業していました。そのため早いうちに開業し、学費の返済を終えたいと、日ごろから理事長に話していたのです。

F理事長は、直前に譲渡話がつぶれてしまったのを何とかしようと、W氏に話を持ちかけました。W氏は二つ返事で承諾し、数日後、B医院の院長に就任。譲渡契約の細かな条件も詰めないまま、B医院は法人から外れることになりました。

F法人とW氏との譲渡契約は、いささか変則的なものでした。F理事長の親族が家主に家賃を払い、W氏が家賃と設備使用料をF理事長の親族に支払うという、少々法的に問題のあるものだったのです。つまり、家主の承諾を得ずに脱法的な転貸借をしていたということです。「運転資金も医院取得の頭金も準備しなくてよい」という代わりに、設備使用料は相場より少し高めになっていました。

その変則的な契約を経営が落ち着くまで続け、正式な譲渡契約を結ぶことになっていました。B医院がW氏のものであることはどこにも示されていませんでしたが、開設管理者はすでにW氏になっていました。実質的には、W氏の医院として動き始めていたと言えます。

家賃が振り込まれない!

ところが6カ月ほどたつと、W氏から賃料と設備使用料が振り込まれなくなってしまいました。F理事長の親族が催促の連絡を入れても、「医院の運営が厳しいので、少し待ってくれ」と言うばかり。

しばらくして、B医院の家主の代理人である不動産管理会社を通じて、B医院の家賃が二重に振り込まれているという連絡が入りました。「従来通りの理事長の親族からの振り込みと、新たなW氏側からの振り込みが重なったのだが、どういう経緯なのか」ということでした。

F理事長はあわてて管理会社に連絡を取りました。すると、驚くような説明があったのです。

「3カ月ほど前、W氏に契約書の差し替えをしてほしいと言われたので、W氏の名前で新たな契約書を発行し、先月新契約の賃料が支払われた」というのです。

不動産管理会社の担当者は、「賃料のアップや保証金の追加分もすぐに承諾してくれたので、契約更新の申し出に快く応じた」と言います。しかもW氏は、「契約更新の全ての事務を一任する」という内容の、F理事長の親族の委任状まで持参していたため、疑問に思わなかったと言うのです。委任状に捺印されていた印影は、理事長の親族のものと同じだったということです。B医院の開業時に提出された書類も、改ざんされていました。

余談ですが、新しい賃料はW氏が理事長の親族に支払っていた賃料よりも、かなり低かったということです。

印鑑を偽造

理事長はすぐにW氏に連絡を取ろうとしましたが、携帯はつながらず、B医院にかけても「後ほど連絡する」という返答しかありません。

そこで、出入りのディーラーに連絡すると、現在は取引はないとのこと。しかし、「B医院はけっこう良い業績を上げているようですよ。手放したのは少し惜しかったですね」と担当者。

「医院の運営が厳しい……というのも嘘だったのか!?」

憤ったF理事長は、友人を通じて弁護士に相談したところ、その弁護士も驚いたようでした。

「今時あり得ない悪質な話です。実態をもっと調べて、法的な対処を取りましょう」。

数日後、弁護士から驚きの報告がありました。

「B医院の設備もW氏の所有となっています。数カ月分の設備使用料の総額で売買譲渡されている書類も、医院の開設資料の中に添付されていたそうです」。

Ｆ理事長は、「B医院の設備は私の親族のもので、Ｗ氏とは使用契約を結んだだけ。売買などしていない」と言いましたが、弁護士は「W氏はこの設備使用契約に捺印されたF理事長の親族の印鑑を偽造し、設備の売買契約を作り上げたのです。賃貸借契約を更新した時の委任状と同じように……」と答えました。

Ｆ理事長は、法のルールを破ってまで自分の都合を優先するW氏に、身の危険さえ感じました。

相談した弁護士は、「事実を証明して、法的な対処を取ることはできますが、これだけのことを平然とやってのける人間を相手にするには、十分な注意が必要です。たとえ法的に勝てたとしても、その後の支払いをするとは思えません。まして売買契約書もなく、賃貸契約と設備使用契約で不動産の転貸に応じているなど、こちらに不利な事実もありますし……。また、法人内部の情報を逆手に取って脅してくるとも限りません」と回答してきました。

つまり、被害者であるＦ理事長が、正当な権利を訴えにくい状態になっているのです。

「まずは今ある賃貸借契約の金額と、設備使用料の未払い金の請求と、損害賠償の請求はできます。それ以上は様子を見た方がいいでしょう」と弁護士。

理事長は、「こっちは被害者なのに、なぜ妥協するようなまねしかできないんだ？　おかしいじゃないか!」と、大きな声を出すことしかできませんでした。

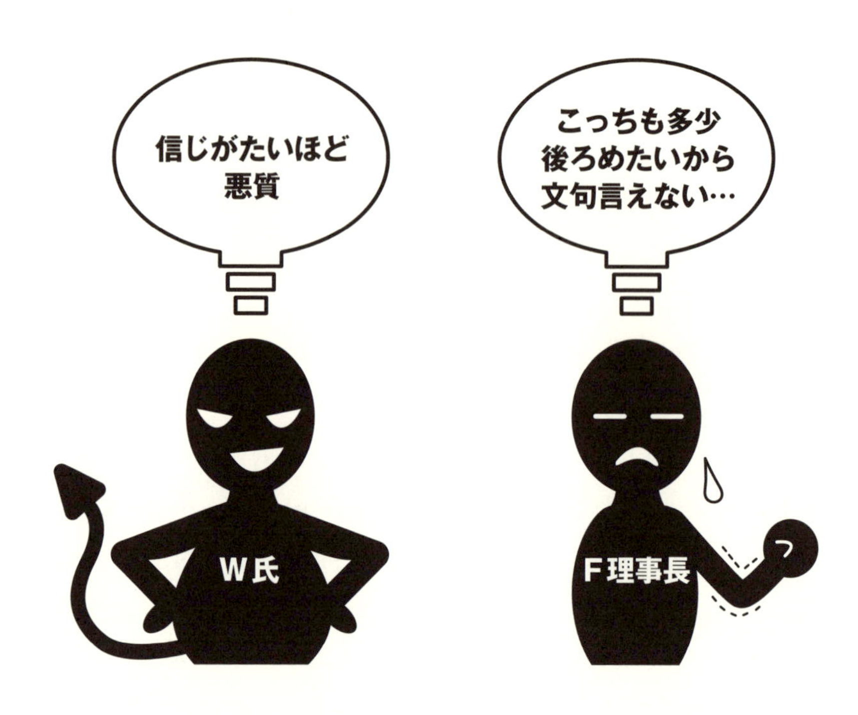

和解への道

その後、依頼した弁護士とW氏との話し合いの中で、W氏は「今までの処置は、自分が軌道に乗せたB医院の保全のために行ったこと。F理事長が請求している設備使用料は高額で、適正とは言えない。今までの設備使用料は過払いだった」と主張し、あくまで自分の行動には非がないことを主張しました。

今回の事例の法的問題

不動産の無断転貸とは？

今回の事例では、譲渡の形態が不完全・不明瞭な状態で継続したのが最大の問題で、F理事長側にも責任がある。医院テナントの借り主であるF理事長の親族から、家主に無断で新院長であるW氏に物件が転貸されている。

この場合、民法612条の定めに基づき、家主側から賃貸借契約の解除が可能となる。この場合、W氏側は当該不動産を家主に引き渡さなければならない立場にある。

W氏がテナント料を払った理由は？

以上のような理由により、W氏は同住所で医業を続ける目的で、家主との間に新たな契約を結んだと思われる。

理事長側に知らせず、理事長の親族の委任状、さらには設備の売買契約書を偽造したのは犯罪（有印私文書偽造同行使・刑法159条1項、同161条1項）だが、その前に、理事長側は家主に対して、無断転貸していたという不利な事情を抱えているため、問題を警察沙汰・裁判沙汰にできない弱みがある。これにより、事実上の「乗っ取り」が成立したと言える。

この種の「事件」には、被害者側にも何らかの瑕疵がある場合が多い。

結局、適正な譲渡契約に戻し、今までＷ氏が支払った設備使用料は譲渡金額から差し引くということで再契約を行い、表面的な和解となりましたが、その後数カ月たっても支払われませんでした。

理事長は弁護士と再度相談し、未払い金の請求と、それに関わる法的な費用を含めて損害賠償請求を起こしました。金銭の問題というよりも、はっきりと法的な場で決着を付けたかったのです。

これを受けたＷ氏は逆上し、理事長の元に怒鳴り込んできました。このような常軌を逸した態度に、Ｗ氏に対する恐怖心がより募ることになってしまいました。

当然、損害請求の交渉は思わぬ方向に進み始め、事態は泥沼化の様相を呈し始めました。

今まで病気知らずで頑張ってきたＦ理事長ですが、心労で体調を崩し始め、その空気が家族にも伝わり、家庭内は暗く重苦しい雰囲気に……。

家族からその実態を知らされた弁護士は、Ｆ理事長に「世の中の道理が通用しない人間と関わるよりも、和解でいきませんか？　損害賠償額の減額など、だいぶ譲歩することになるでしょうが、相手が悪すぎる場合、『損して得取れ』という考え方もあると思います」と進言しました。

その結果、理事長はＷ氏との交渉を全て弁護士に任せ、既存医院の運営に目を向けることにしたのです。

再生

「損して得取れ」

今回の事件で理事長が学習したのは、自らがきちんと法を遵守していなければ、被害者として適正な請求もできないということでした。また、もめ事が起きた時ほど冷静に判断する必要があること、時として、経済的な損失を取り返すよりも気持ちの整理が優先することなど。気持ちの整理が思い切ってできたのは、弁護士の「損して得取れ」という言葉が心に響いたからでした。

気持ちの整理がつくと、もともと行動力があるF理事長は、生き返ったように改善に着手し始めました。まず、W氏と関わりがあった人たち全てと関係を絶つことにしました。「今まで勤務していた他のスタッフや取引業者の中にも、共犯者がいたのではないか?」ということが気になっていたからです。

材料業者、技工所、譲渡先に移った既存医院の勤務スタッフなどとも、意識して関わりを持たないようにしました。スタッフからW氏に情報が漏れているのではという疑心暗鬼の状態から、一刻も早く脱したかったのでしょう。

さらに、冷静に損失額を計算してみたところ、F法人は経営の建て直しを図っている最中であることから、少々の損失で処分できたと考えれば、そう大きなダメージとは言えないということがわかりました。本来、医院を整理する際には、賃貸借契約解除時の内装の原状回復費用、医療設備の廃棄費用など、相応の損失が出るものだからです。

C医院の現状

W氏が経営するB医院のそばには、F法人が運営しているC医院がありました。理事長の理念である、「地域の生活者に寄り添う歯科医療の提供」の下に開設したもので、患者さんだけでなく、その家族も継続的にサポートしていくことを目的としていました。B医院の譲渡トラブルは、このC医院の業績にも強い影響を及ぼしていました。

スタッフの動揺、転院による患者数の減少、そしてB医院による患者引き抜き問題も顕在化していました。

C医院のスタッフの中で開業当時から在籍しているのは1人だけ。その他のスタッフはB医院の譲渡話が持ち上がった4、5年前に相次いで退職していました。その後に採用したスタッフは入れ替わりが早く、C医院の医療サービスのレベルが落ちていることは明らかでした。

患者数とともにスタッフも減少し、どんどん経営状況は悪化。2人退職して1人採用といった具合で、ユニット1台につき1人のスタッフ配置となりました。少なくないように見えて、患者数が多かったころから考えると激減したと言えます。

さらに、後輩の育成に力を入れていたチーフスタッフの退職（現在はB医院に勤務）を契機に、十分に訓練されていないスタッフが現場に立っているため、ムリ・ムラ・ムダが発生するようになっていました。

B医院を超える評判の良い医院をつくる

C医院の再出発に当たり、理事長はスタッフの人員整理を行い、医院理念をきちんと浸透させるようにしました。歯科医療の本質である、患者さんの信頼、安心感、満足感を高めることを、理事長自ら実践し、スタッフに繰り返し伝えるようにしたのです。

そして、法人の本部要員をC医院に派遣し、患者データを精査することにしました。患者層の変化を分析し、転院理由も可能な限り調べ、「C医院の対応に満足できなかったための転院」「近隣の評判の良い医院への転院」「B医院への意図的な転院」などに分類しました。

転院の一番の理由は、医院に魅力がなく、単に患者さんの訴えに応急的に対応しているということでした。

あぶり出された問題点

① 譲渡問題を機に、C医院の管理がおろそかになっていた
② 今まで長く勤務していたスタッフの入れ替わりに伴い、患者さんが移ってしまった **▶患者対応の満足度低下**
③ 近隣の新しい医院に患者さんが移った **▶患者志向の変化**
④ 紹介患者数が大きく減少し、再来院の患者さんが減ってきた

そこでスタッフに、「当たり前のことをきちんとこなす。地域の生活者が何を求めているか考え、患者さんとのコミュニケーション能力を身に付けよう!」と伝え、患者さんの要望をじっくり聞くようにしました。それと並行して、法人の本部要員によるスタッフ教育も行いました。

B医院から患者が戻ってきた

C医院が変化しているということは、患者さんにも伝わり始めたようです。離れていった患者さんが、少しずつ戻ってきました。

一方、B医院では、W氏の対応がスタッフの反発を招いているようでした。「面接時と話が違う」「W院長の考え方についていけない」という声が聞こえてくるようになったのです。

さらに、W氏主導で進められていた不正請求の事実を退職者が告発。その後、個別指導が行われましたが、「不正請求額が多いため、保険医取り消しになるだろう」と、出入りの業者が伝えてきました。その他にも、治療費用の問題で、患者さんと

のトラブルも抱えているということでした。

C医院の業績は次第に回復を見せ始め、改善は着々と進んでいるようです。理事長が、残った医院とスタッフを守るために頑張るという熱意や決断は、言葉に表さずとも伝わるものです。

- **何をすべきかが明確であれば、少々のトラブルにも焦ることなく、運営に集中できる**
- **経営者自らの改善意欲なくして、改善の勢いは生まれない**
- **改善には、「一人一人の患者さんを大切にする姿勢」と、「当たり前のことを、きちんと行う姿勢」が最も大切である**

これらは、この事件で混乱した医院を再生する際に気付かされたことです。ある意味、今回の乗っ取り事件が、F理事長に今までの経営を見直す機会を与え、法人全体の安定経営につながったとも言えるでしょう。

7

スタッフを見下し
運営にも支障

多額の資金を投入し、激戦地で開業したＧ医院。当初は患者さんやスタッフの評判も良く、順調な滑り出しで、レセプト枚数も右肩上がりで増えていった。

しかし、収益がピークに達したのも束の間、次第に患者数が減少。Ｇ院長には自覚がなかったようだが、実はその原因は、院長のスタッフに対する態度にあった。スタッフの入れ替わりが激しくなるにつれて、医院の運営にも次々と問題が生じるように……。

どう
復活？

開業時は好調だったのに…

歯科医院激戦地で開業したものの、当初は患者数の伸び率で他の追随を許さなかったG医院。開業時の院内工事の費用は総額1億2,000万円ほどで、スペースに余裕を持たせ、安心・安全への配慮を十分に行いました。ゆくゆくは自費率を高められるように、自費診療の流れを意識して設計を依頼したため、少々高額な投資でした。

このように思い切った投資を行ったのも、「毎年増えていくであろう競合医院に影響されない医院をつくりたい」という明確な意思の現れでした。歯科雑誌から情報を得て、メーカーに依頼していくつもの医院を見て決断しました。

開業当初、患者さんからは「無愛想な先生だけど、きれいな医院」という評判で、見学したスタッフからも「働きやすそうな医院」と言われていました。そのため、スタッフの採用には苦労することなく、順調な滑り出しでした。

売り上げも右肩上がりで、一度も危機を経験せずに激戦地で数値を順調に伸ばしたことで、「オレさえ頑張れば！」と、院長は過剰とも言える自信を持つようになったのです。

開業当初、まだ患者数が少ない時は、院長は患者さんにもスタッフにも感じ良く接していました。しかし、銀行や税理士などが順調な状態を認め始めると、院長の姿勢と発言が一変。スタッフも見下すようになり、患者離れが一気に進んだのです。

スタッフ軽視の態度

G院長は、「あいつらに何ができると言うんですか？　歯科医院のスタッフは他業種に比べて給与が低いなんて言いますが、それだけの能力しかないからです。期待するだけ時間の無駄なんですよ」と、スタッフにも聞こえかねないような大声で来客に向かって話すのです。スタッフの退職も相次ぐようになりました。

えらいのはオレ

出入りの業者に対しても同様の威圧的な姿勢で、業者が診療時間中に商品を届けようものなら、暴言とともに裏口から放り出す始末。「話もしたくない院長」としてブラックリストに載せられていました。

このような院長に、患者さんへの思いやりや、いたわりの言葉を期待できるはずもありません。

絶えず人の採用と訓練を繰り返していたため、診療実績に比べて利益率が低く、医院の経営体力は落ちる一方。過去の実績（診療報酬の伸びや額）から金融機関の支援を得ることは可能でしたが、支援を受けたとしても、今の状態から回復させるのは厳しい点が多かったのです。

実際、G医院に出入りする業者の誰もが、「今まで保ったのはラッキー。今の院長の姿勢では絶対に復活できない」と見ていました。「つぶれればいい」といった陰口さえ聞こえてくる始末でした。

この経営危機は院長自身が作り出したことですが、悪いことは全て人のせいにする性格から、本人がそれをきちんと認識していたかどうかは疑問です。

患者減の原因は？

H医院の患者数激減の理由は、以下のように分析できました。

院長も①と④については認識していたようですが、その理由はス

患者数激減の理由…

① 今まで長く勤務していたスタッフの入れ替わりに伴い、少しずつ患者さんが離れ、近隣の医院に移っている
② 院長の発言や何げない態度から、患者さんが安心感を得られなくなっている
③ 院長のスタッフに対する高圧的な態度に、患者さんが不快感を覚えている
④ 紹介患者数が月にひと桁になり、リピーターも減っている

タッフの力量不足による満足度の低下によるものだと捉えていました。院長が自ら引き起こしている②、③の問題点については自覚がなく、カバーしていたスタッフが退職してしまったため、患者離れが一気に進んでしまったようです。

開業時代のスタッフの多くは退職してしまい、4、5年前から落ち着くことなくスタッフの入れ替えが繰り返されていました。求人誌の担当者が毎月のように訪れていることも異常と言えるでしょう。

患者数の減少に合わせ、今までのスタッフ数では多すぎるということで、新規採用も徐々に少なくなりました。2人退職して1人採用という具合で、そのために慢性的に慌ただしい状態が続いていました。

慌ただしい理由には、もう一つ別の側面がありました。チーフ的なスタッフの退職を契機に指導体制がなくなってしまったため、十分に訓練されていないスタッフが現場に立つことになり、ムリ・ムラ・ムダが生じていたのです。

この理由が理解できない院長の、「今までできていたことが、なぜできないんだ!?」という怒号が日常的に飛び交うようになりました。スタッフは院長の叱責を避けようとするだけで、スムーズに医院を運営しようという意気込みはなくしてしまいました。

院長の叱責を嫌がって、院長が参加するミーティングに理由を付けて欠席するスタッフが増え、スタッフが自らの保身を図って対立するようになったのです。

院長は、真の問題の解決よりも、「自費診療さえ増えればいい」と、他の方法に解決の道を見いだそうとしていました。その院長の姿勢に

「院長が嫌われている」サイン は？

「オレが食わせてやっている」という意識を持ち、スタッフの存在を軽視する院長が、経営を乱してしまうことがある。

以下の項目に覚えがある院長は、目をそらさず「自分に問題があるのではないか？」と、自らを疑ってかかる必要があるのではないだろうか。

- **スタッフが頻繁に変わる**
- **大量退職が複数回あった**
- **スタッフに激怒することが度々ある**
- **取引先が不安定**

スタッフが強い疑問を感じるのは当然です。

その反発は、「院内の物がなくなる」「情報が全く共有されていない」「スタッフによる新患や再初診の患者さんの受け入れ拒否」といった形で表れ、エスカレートする一方。古くからの患者さんを巻き込む事態にまで発展してしまったのです。

開業2、3年たったころ月に700枚近くあったレセプトが、2、3年で激減。月の新患数も5人以下と低迷するようになり、200枚を切るほどまでに落ち込んでしまいました。

「スタッフが定着しない」というリスク

経営環境の悪化による今後への不安から、いらだちを覚える院長がスタッフに暴言を吐き、スタッフの自主退職（実際は解雇に近い）が続いている医院が少なくない。

院長が無責任とも映る横暴な運営に走り、多くのスタッフが一斉に離反するといったケースは危機的状況だと言える。

「過去の蓄積がある医院なら何とか持ちこたえることはできるだろうが、ぎりぎりの状態でここまで来た医院は、どうすればよいのか」といった悲痛な声を聞くことが珍しくなくなった。スタッフが定着しない歯科医院は、今後、大きな経営リスクを抱えることになるだろう。

このような院長の場合、得てして家庭内も不和な場合が多く、ストレスを抱えている傾向にある。

心に余裕がない状態で自己を省みるのは、著しく難しい。

再生

セミナーでの気付き

G医院の危機を脱するため、院長は、迷いながらも医院に残ったスタッフとともに患者管理をテーマとしたセミナーに参加することに。今までの院長には見られなかった前向きな行動ですが、セミナー会場で、スタッフと言葉を交わすことはありませんでした。

セミナーは質疑応答形式でしたが、他院のスタッフの表情や発言は積極的で、自院のスタッフと明らかに違うことは一目瞭然。スタッフの素質、意欲、教育方法などが原因かと考えましたが、自院のスタッフの暗く自信のない姿は、それだけでは説明の付かないものでした。

「やはり、自分の対応に問題があるのだろうか……?」

今までG院長のやり方について問題を指摘したり、改善のアドバイスをしてくれたりする人はいませんでした。一方的に相手を批判するG院長の態度に、「聞く耳」が感じられなかったためでしょう。

G院長は、患者管理セミナーの後に開催されたスタッフ管理セミナーにも参加してみました。テーマは、「激変する歯科界で生き残るためのスタッフマネジメント」というものでした。セミナー終了後、個別相談ができるというのも参加を決めた理由でした。スタッフにどう接すればよいのか、スタッフの育成法、スタッフの勤続年数の長い医院は何が違うのかを知りたいと思ったのです。

セミナーを聞いたG院長の率直な感想は、「経営者は、そこまでスタッフに気を使わなくてはいけないのか?」というもの。

個別面談では、事前に提出した面談シートと簡単なヒアリングから、セミナー講師から問題点が以下のようにいくつも指摘されました。ある程度想像していた内容もありましたが、院長の姿勢が問題を引き起こしているということが浮き彫りになりました。

揚げ句の果てに、「G院長のスタッフ管理の方法は古すぎて、今の

G院長が指摘された問題点

① スタッフ管理に苦手意識があり、避けている。スタッフの大変さを理解していない

② 患者さんの信頼感を得る上で、スタッフの行動や言葉が重要であることを理解していない

③「スタッフへの説明不足」が、不安や混乱を招いている

④ 治療上問題はないが、十分に指導していないスタッフに患者フォローを任せきりで、患者さんに不安と混乱を与えている

⑤「患者さんの求め」を、院長自ら受け止めようとしていない

⑥ 診療が終わるとすぐに院長室に戻ってしまい、スタッフとコミュニケーションを取ろうとしていない

⑦ 焦るばかりで、今の状況を客観的に分析できていない

スタッフには到底受け入れられない。逆に、その状態で患者さんが増える時期があったことが不思議」とまで言われてしまいました。

スタッフのすべきことを明白に！

「医院を再生するために、自分は何をしなければならないのか?」と考え始めたG院長。まず、患者さんが何を求めているのか知るために、過去の患者データを調べ、残ったスタッフに意見を求めてみました。

G院長の問いかけに困惑するスタッフもいましたが、院長の「改善したい」という気持ちは伝わったようで、退職を決めていたスタッフも、少し様子を見ようと考え直したようです。

話し合った結果、スタッフ教育や役割分担が不十分だったことが、院内が慌ただしい理由の一つということがわかってきました。スタッフが何をすべきか明確にしておけば、焦ることなく診療に集中できます。

そこでまず、職制ごとの作業リストを作り、それを見てもわからないことは、リーダーがその場で教えることにしました。これによって、「スタッフに明確な指示がない」「スタッフを適正に評価していない」という今までの問題の解決にもつながりました。

この変化が良い流れを生み出しました。「G医院の目指す方向性を明確にした上で指示をすると、医院運営がスムーズになる」ということに、院長もスタッフも気付いたのです。

院長の改善意欲で医院が明るく

また、過去の患者データを調べることで、患者さんが求めているのは信頼と安心であることもわかってきました。

そこで、説明を十分行うために、H院長が説明シートのベースを作り、スタッフがそれに書き加えていき、必要があれば勉強会も開くことにしました。これは、G院長が最も変えようと意識した点です。セミナー会場で、他院の院長がスタッフに説明している姿を見て、これが自分に欠けている点だと気付いたからでした。

減少した患者数を取り戻すために、セミナーで印象に残った言葉「自分が考えるより、スタッフに任せてみよう」という言葉も実践することにしました。これは、今までの院長にはなかった発想です。

そこで、今までのように単にスタッフに指示を出すのではなく、日々気付いた時に、スタッフに考えてもらいたいことをメモして渡すようにしました。口で伝えようとすると、命令的になりがちなのを意識してのことです。

G院長には、「一人一人の患者さんを大切にする」「地域層に合わせた若いファミリー層を家族単位で増やす」という決断がありました。それにはスタッフも当然賛同していたため、医院全員が意識して行動することで、驚くほど早く結果が出てきました。そのうち、患者さんから「医院の雰囲気が明るくなった」と言われるようになり、この言葉には誰もがうれしいと思いました。

患者数が少ないため、じっくり話を聞く丁寧な対応を行うのは、そう難しいことではありませんでした。さらに、医院をきれいに保とうという意識も自然に生まれるようになり、患者さんにも良い印象を与えられるようになりました。

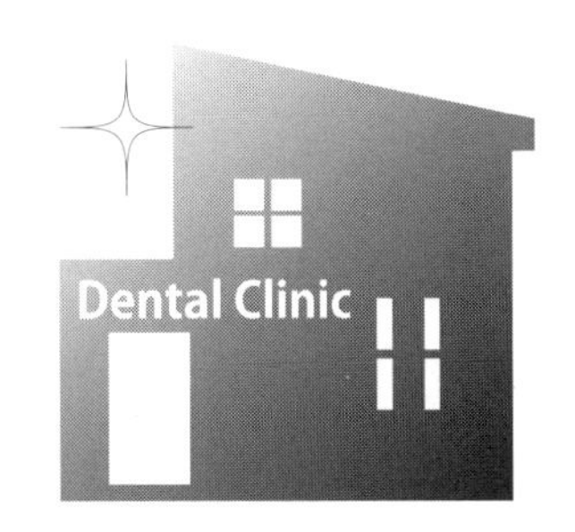

院長の姿勢とともに、スタッフも明るく変化してきました。スタッフと院長との間の厚い壁も、少しずつなくなりつつあります。働きやすい環境であれば、人はどんどん変わるものです。

そのような医院やスタッフの変化を驚きをもって感じ、そして過去のデータを冷静に分析したことで、院長の気持ちに余裕が出てきました。そのことが、日々の患者さんへの説明、スタッフへの指示などに、見違えるほどの変化を起こしたのです。

G医院に、少し前の「倒れる歯科医院予備軍」の影はありません。地域の患者さんに「通院したい」と思わせる風土が生まれてきたのです。

8 事務長に裏切られ対外的信用も失い…

開業して８年、順調に業績を伸ばしていたＨ医院。医院の規模拡大に伴い、「信頼の置ける事務担当者がほしい」と考え、高校の同窓生だったＸ氏に声をかけた。

大手商社に勤めていたＸ氏の管理能力は素晴らしく、医院の業績はますます上昇。法人化を成し遂げ、さらなる規模拡大を計画しているさなか、Ｘ事務長の不正が発覚した。ショックのあまりＨ氏は全てのスタッフに不信感を抱くような精神状態に……。

転落

順風満帆な医院

開業して8年のH医院。規模はユニット7台で、一日の来院患者数70人ほどを維持していました。開業当初から患者アンケートなども積極的に取り入れ、勤務歴の長いスタッフを中心に、患者フォローの仕組みも出来ていました。院長のキャラクターも地元で受け入れられ、順風満帆な医院に見えました。

大学で歯科理工学を学んだH院長が唯一弱さを感じていたのが、医院の資金管理を含めたマネジメントです。何かに夢中になると、重要性などを考えずにお金を使ってしまう傾向があったのです。

そこで、医院が軌道に乗り始めると「信頼の置ける事務担当者が、運営管理を補っていく体制を築きたい」と考えるようになりました。

友人X氏を事務長に採用

「やあ、久しぶりだね。かれこれ20年くらいたつかな?」

ある日、H院長は高校の同窓生であり、部活でも一緒だったX氏と再会しました。地域の仲間との飲み会で、事務長の採用について相談したところ、この再会の機会が得られたのです。

X氏は大学卒業後、大手商社に入社しましたが、親の面倒を見るために帰郷し、親の知り合いの機器販売会社で経理事務を担当していました。しかし、「日々の単調な業務に飽き、運営企画・管理などの仕事をしたいと考えている」とのことでした。

X氏にはH院長が強化したいと思っている財務管理の経験があり、地域特性も熟知していたため、訪問診療や、地域企業の検診サービスなどのジオマーケティングと言われる地理特性を生かした領域も手がけられるようになるでしょう。

また、H医院のコアな患者さんと顔見知りで、勤務歴の長いスタッフにも好感を持たれていました。

そこで驚くほどスムーズに、事務局の責任者として勤務を開始。出入り業者との情報交換、技工の流れなどを把握することからスタートし、保険請求、支払先の管理、給与管理など、財務の根幹の仕事を任せていきました。1年もたつと、X氏は事務の責任者としての立場を確立。今まで女性が主体だった職場の雰囲気も変わり、業績も予想以上に伸びていきました。

経費に対する疑問

この業績の伸びを受けて、医院の法人化とリニューアルが決定しました。もともと、開業15周年をめどにリニューアルを視野に入れた法人化を計画していたのですが、5年ほど前倒しになったのです。

このリニューアルは、数年以内に予定している大きな拡張を視野に入れたもので、その費用はほとんど借り入れをせずに賄うことができました。財務状況も、X事務長から定期的に提出される試算表を見ても、認識の範囲内でした。

決算時の打ち合わせで、税務会計顧問から「最近、交際費や学術関係費用、仮払金が増えている」という報告を受けましたが、「セミナー参加などのためにまとまった支出があるから」と、特に問題とは考えませんでした。税務会計顧問も深い質問はせず、経理処理しました。

法人化も終わり、金融機関からの依頼もあったため、規模拡張のための具体的な資金計画を立てることになりました。

その際、書類作成のために、X事務長の不在時に経理書類などを確認する必要が出てきました。同時に、過去の実績を確認するために診療報酬や経費を見ようと、鍵がかかっていた事務局の棚を開けて書類を調べてみました。

すると、行っていない東京までの交通費、泊まっていない東京のホテルの領収書、自費診療の未計上など、H院長が把握していない書類がたくさん出てきたのです。事務担当者に聞いてみても「わからない」と言うので、出張先のX事務長に電話で確認したところ、いつになく曖昧な答えが返ってきました。

税務会計顧問に尋ねてみると、「H先生が講習会などに出ると、複数分の経費が出ていた」「診療報酬に対して技工料や材料費率が上がっていることを疑問に思っていた。特に、技工単価は最近かなり低くなっているはずなのに……」とのこと。

出張から帰ってきたX事務長は、体の具合が悪いという理由で欠勤しました。

次々に不正が発覚

会計事務所の担当者立ち会いの下、経理書類を精査してもらったところ、驚くべき事実がいくつも出てきました。

「自費診療の収入からの除外」「日々の負担金の除外」「私的交通費の支出」「交際費名目での商品券の購入」「車両費の装備費用の支出」など、いくつもの経費の流用、収入金の着服が発覚したのです。その全てが、H院長の支出と関係ある巧妙な操作で処理されていたのでした。

さらに、技工費や材料費については、取引のあった会社からの二重請求の嫌疑も浮上。技工会社と何度も値下げ協議をしていたにもかかわらず、技工単価が徐々に上がっていたのです。

これらを合わせ、明らかになった不正支出は4,000万円以上にも上りました。着服が始まったのは今から3年前。X事務長を信頼し、財務の処理を一任し始めた時期と重なっていました。

「まさか彼が着服していたなんて!」

詳細が判明するに従い、H院長は警察に訴えるべきか、民事的な損害賠償で対応すべきかなど、頭を悩ませるように……。診療報酬や税務上の不正な取り扱いも露見したため、税務署などへの修正申告、それに伴う納税など、数カ月間は実務的な混乱も生じました。

その事件は、法人内に大きな影を落としました。開業以来のスタッ

事務局長X氏の不正

① 経費減の効果が出ていると報告を受けていたが、経費の一部はむしろ上昇している
② 稼働率の改善により、診療報酬は増えているのに、内部留保の金額が5,000万円以上減っている
③ 見直しの話し合いをしたにもかかわらず、技工料金、材料費の比率が上がっている。さらに、既存取引のあった会社からの二重請求の疑惑も
④ 交際費や学術関係の費用、旅費や仮払金が増えている
⑤ X氏の急な出張、外出が目立つ
⑥ 購入した機器や内装工事の、見積書と請求額とに差がある
⑦ 自費診療の収入からの除外、日々の負担金の除外がある
⑧ 商品券の購入が定期的にある
⑨ 法人車両以外の、車両の装備費用の支出がある

フの中には、不正に気付かなかったことをわび、退職を申し出る者もいました。

そこで院長は、「古くからのスタッフも技工所も、X事務長の不正に関わっていたのではないか……?」と、全てのスタッフに対して不信感を抱くような、不安定な精神状態に陥ってしまったのです。

結局、X氏の不正に、古くからのスタッフや技工所が関わっていた可能性があることもわかりました。

一番大きな問題は、多額の資金が不正に支出されても発見できなかった管理体制の不備です。

これにより、H医院の対外的な信用はすっかり落ちてしまいました。

X氏に関する噂

一方、X氏は不正の発覚後、所在不明になってしまいました。H院長がX氏の実家を訪ねても、誰もいません。近所の人の話だと、少し前から家族の姿を見かけていないということでした。

所在確認を進めるうちに、X氏に関するいろいろな話が耳に入ってきました。

「なんであいつ（H院長）だけ、いい思いをしているんだ！　オレより仕事をしているわけでもないのに、自由に使えるお金はオレの10倍以上だ。たまたま歯学部に進学しただけなのに……」とか、「H医院は自分が運営しているようなものだ。あいつは経営管理ができないし、何もわかっていない。オレがいなければ、すぐにつぶれるような組織だよ」などと話していたというのです。

さらに、「前職の時も、使い込みをした」という気になる噂も出てきました。振り返ると、思い当たる点がありました。H氏と再会した時、彼が転職を急いでいたことです。

X氏の前の職場は、親の知り合いの会社だったのですが、ちょうどそのころ、X氏は離婚の慰謝料でもめており、金銭上の問題を抱えていたようでした。

さらに、「自分はこんな所で働く人間ではない」という思いからか、他の社員に対する嫌がらせや、自分の仕事を軽視する態度があり、次第に会社にいづらくなったという理由もあったようです。

しかし、H院長には、X氏への不満や問題をささやく関係者の声も嫌なものに感じられ、X氏のことは弁護士に任せ、早く医院の立て直しをしたいと焦るばかりでした。

「人」によるダメージの大きさ

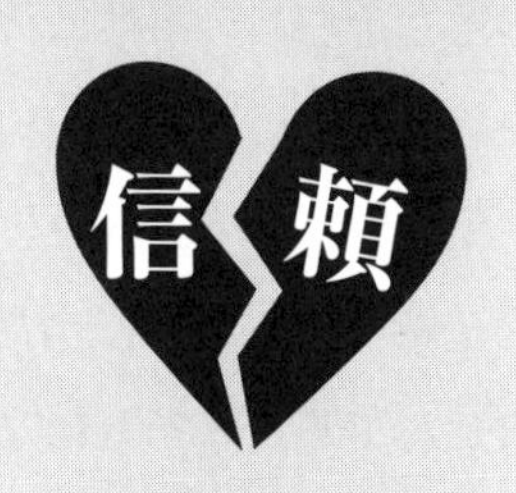

歯科医院が倒れる要因は一つではなく、いろいろな要因が複雑に絡まった「複合型」である。そして、最もダメージが大きい要因は、信頼している人間の裏切りによる破綻と言える。

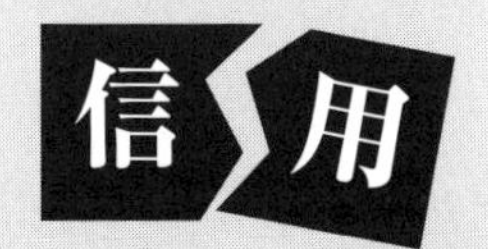

内部告発で発覚することが多いのが象徴するように、医療機関で発生する事件の多くは、内部的な要因によるものが多いのが特徴。それだけ閉鎖的で曖昧な部分があるということだろう。

内部の不正は精神的にも対外的にも、大きな悪影響を生む。内部的な原因による運営機能の麻痺は、「医院が崩壊する」状態になるほど、大きなダメージを与えるのだ。

再生

金融機関への対応

今回の事件を耳にした金融機関の本部担当者から、H院長に面談を求めてきました。会計事務所からある程度の説明は受けていたはずですが、直接経営のトップに説明と今後の計画を尋ねてきたことから、金融機関も重大な事件として捉えていたことがわかります。

そもそもこの事件は、金融機関に提出するはずだった「規模拡張のための事業計画書」を作成する過程で発覚したものです。規模拡張の中断だけでなく、資金を引き上げられることも覚悟していました。

金融機関の説明に当たり、X氏の不正の事実を確定しなくてはなりませんでした。それは辛く大変な作業でしたが、医院を残すために、H院長は事務スタッフと会計事務所の担当者を集めました。

これらの作業は、被害額を確定するとともに、今後、規模を縮小すべきか、時期をずらしても当初の規模拡大を推し進めるかどうかを判断する意味もありました。

不正支出の対処

院長にとって、金融機関への説明よりも憂鬱な問題がありました。

不正をした当人であるX氏への対応をどうするかということです。厳密な調査の結果、不正金額は当初の予想を大きく上回る6,000万円にも上ることがわかりました。

しかし、X氏が姿をくらましている現状では、その理由をきちんと聞くことができず、伝え聞いたことから想像するしかありません。

院長は、「私生活にトラブルを抱えたための一時的な流用であってほしい」「噂で伝え聞いたような、私へのねたみや、落とし入れたいという気持ちで行ったものであってほしくない」ということを願っていたのです。

しかし、6,000万という不正金額は、同情して不問にできるレベルではありません。刑事告発することも考えましたが、税法上は救われたとしても、何もプラスはありません。銀行の担当者も、マイナスイメージを避けるため刑事告発は望んでいないとのこと。

X氏に対してお金を貸したという扱いにしたとしても、離婚訴訟などによってかなりの額の借り入れがあるという噂を聞く限りでは、とても返済できる状態ではないと考えられました。

結局、この不正支出は、X氏の医院に対する貢献を評価して、給与としての支出としました。それには当然、反対もありました。しかし、それだけの収益性を持つまでに、H医院が高収益体質になっていたことが調査によって明らかになったのです。つまり、不正支出を除くと、効率的な運営がなされていたということがわかったのです。

今後もその効率的な体制を維持できれば、今回の不正支出による損害は数年で回復できると予測されました。

H院長の決断

今回の事件は、H院長にとって大きな試練で、安易な人材の登用、不正を生み出した経営トップの責任など、反省すべき点は多々あります。そこで、経営者としてH医院を見直す決断をしました。

まず必要なのは、スタッフへの説明と再編成の流れを作ること、そして、金融機関に支援要請を行うことでした。そのためには、再建計画の立案とその実行を自らの意思で示さなければなりません。

そこで、X氏が行った不正支出について、全容をつかむまで1週間、早朝から深夜まで経理書類や銀行通帳などを一つ一つ照合し続けました。その間、院長は診療を一切行いませんでしたが、それは残ったスタッフに再建の覚悟を示す意味もあったのです。

幸いだったのは、不正による経費の増加分が、X氏が事務長として改善した経費減とほぼ同額だったことです。一連の不正処理に伴う税務署への修正申告と、それに伴う納税も、残った金額で何とかカバーできました。

技工や材料費の二重請求に関与していた技工所の担当者や、不正に関わった疑いのあるスタッフは、事件発覚後に退職していました。

再建への道筋

こうして再建への道を進み始めてしばらくしたころ、友人を通じて、

X氏からおわびの言葉が綴られた封書が届きました。

その中には、X氏が離婚調停のためのお金や、過去の高利な借入金の返済に充てるために、不正を働いたことなどが書かれていました。そして、手を付けたお金は時間がかかっても返済するとのことでした。

金融機関へは、H院長自ら作成した改善計画書を提出しました。この数年間、X氏の力によって経営効率が改善され、管理方法もルール化されたこと、不正支出された金額はX氏に功労金として支払うと決めたことなどを示した上で、当初計画していた「大幅な増築の事業計画」の実施は5年遅らせ、その間に自己資金を貯めることとし、支援の継続をお願いするものでした。

金融機関からは、1年後の実績を見て、諸条件を前向きに見直すとの返答がありました。

H院長は、まずは1年間、全ての経費を抑えると同時に、X氏の作り上げた効率の良い運営管理システムを活用し、再建を進めていきました。さらに、一人一人の患者さんへの対応を強化。信頼を取り戻すことを意識し、H院長自らが日々の診療の陣頭指揮を執ったことが、予想以上の成果を導き出しているようです。

9

競争至上主義で個別指導→再指導！

開業後、最初の５年間は地元の歯科医院とも良好な関係だったが、分院展開してから歯科医師会の反発を招いて孤立化してしまった。

強引な経営手法に加え、保険請求もいい加減になり、個別指導→再指導と進む中で経営状況が一気に悪化してしまった。

当初目標を短期間でクリア

開業15年でスタッフ数20人ほどのI法人は、現在は分院の一つであるI歯科医院が起点となって成長したものです。

開業当初は、歯科医師（理事長）、歯科衛生士、歯科助手、受付各1人の総勢4人で、ユニットは3台。最初の5年間は地域の患者さんの信頼を得るように配慮し、地元で競合する他院との調和も保っていました。広告や目立つような外部活動は一切控えるという気の使いぶりだったそうです。

患者さんからの評判も良く、順調に新患数が伸び、継続率も高い状態が続きました。経営が軌道に乗るまで10年間の計画を立てていましたが、5年もたたないうちに当初の計画をほぼ達成してしまいました。そこで、「今度は、法人化、勤務医雇用、分院展開だ！」と意気込みました。

患者数も診療報酬も順調に伸び、おまけに意図的に経費率を抑えていたことから、金融機関からの評価もまずまず。顧問税理士からも、信頼できる勤務医が確保できれば、分院展開もよいだろうと言われていたので、近くに分院をつくる計画を始動しました。

分院展開を画策し…

分院の計画は、ごく親しい友人には以前から話していたのですが、近隣の歯科医院や歯科医師会には何も伝えていませんでした。分院開設の予定地には、歯科医師会役員の医院があったため、「事前にあいさつぐらいしておいた方がいいのでは?」と、友人やディーラーの営業マンにも言われたのですが、「『分院を出します』と言われて『どうぞ』なんて言うわけがない」と無視し続けたといいます。

いよいよ着工という段になると、歯科医師会の事務局からも「計画の説明とあいさつを求める」旨の忠告があったのですが、それも無視。

「ここまで急成長したのは、自分の努力の賜物。他人に経営方針をとやかく言われる筋合いはない」との考えだったそうです。

結局、何のあいさつも説明もなしに分院は竣工、そしてお決まりの内覧会。地域の同業者の間から、完全に浮いた存在になってしまいました。

それほど傲慢な性格ではなかったI理事長が、「地元の同業者なんて知るか!」といった態度を取るようになったのは、激烈な競争で勝ち残ってきた他業種の知恵を伝授する、経営セミナーに参加したことがきっかけだったとのこと。

当初は「地域密着型」「費用対効果を重視」という堅実路線だったのが、経営セミナーへの参加により、「競争至上主義・拡大路線」に舵を切ったようです。

借りものの経営知識

分院展開後、他業種のセミナーで得た「競争の戦略」によって、I法人は予想以上の業績の伸びを達成しました。将来的には、この分院を本院としていく計画だったので、理事長は分院に常駐。ありとあらゆる新機軸のサービスを試す様子は、とても楽しそうだったと当時のスタッフが振り返ります。

まず、初診時には「患者さんの細かな要望を聞く」との名目で設けたカウンセリング部門が対応。マナーセミナーで研修を受けたコーディネーターが患者利益を強調した説明をし、緻密な対応を徹底しました。これが心地良く感じられる患者さんもいたことでしょう。「患者目線」を第一に考えたというインテリアや書籍も、いかにも患者対応や医療サービスの質が高いようアピールするためのツールでした。

上向きの実績が如実に記された申告書を前に、豊富な経営上の知識を踏まえて自信ありげに話すI理事長は、金融機関からも好感を持たれていました。「医療業種なのに、金融マンが話しやすい経営者だ」ということで、担当の営業だけでなく、本店の融資担当者からも高い評価を受けていました。だからこそ、高額の融資をして分院の開設を支援してくれたのでしょう。

しかし、それらの「経営の知識」は、いずれも借りものにすぎず、地道に得た知恵ではありませんでした。

そして、次第に勤務医や歯科衛生士にはかなり高い診療報酬のノ

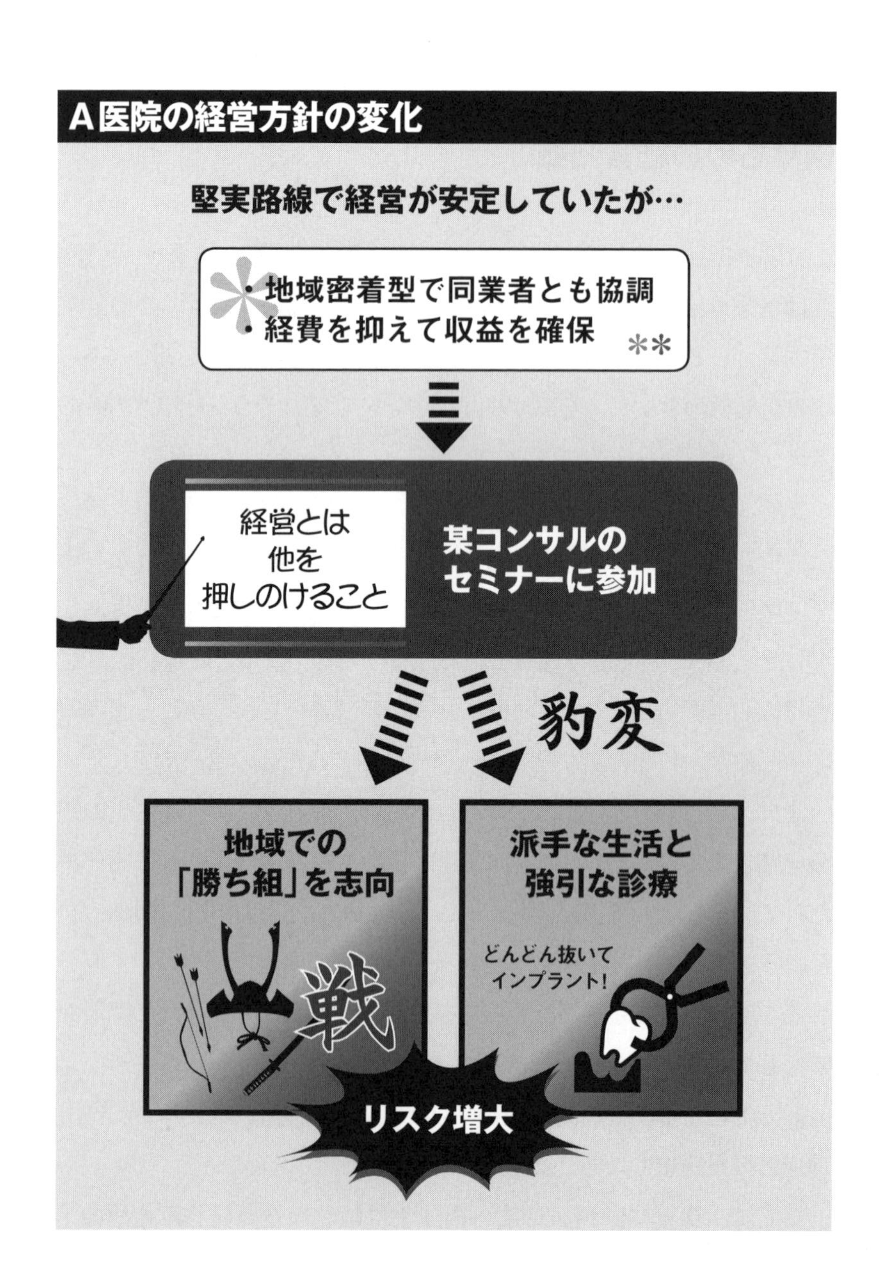
A医院の経営方針の変化
堅実路線で経営が安定していたが…
・地域密着型で同業者とも協調
・経費を抑えて収益を確保
経営とは
他を
押しのけること
某コンサルの
セミナーに参加
豹変
地域での
「勝ち組」を志向
戦
派手な生活と
強引な診療
どんどん抜いて
インプラント！
リスク増大

ルマを課すようになっていきます。カウンセリング部門が完全に“営業部隊”と化していたI法人は、強引な診療で次第に評判を落としていきます。やがて、2医院体制となった後、かつての評判医院の面影は急速に薄らいでいきました。

I理事長の私生活が少々派手になってきたのもこのころから。医院経営自体は堅調に推移していましたが、それ以上の早さでプライベートな出費が増大していきました。

他業界の成功者と話していると、つい「自分もその仲間(成功者)なのでは?」と勘違いしてしまい、生活レベルを身の丈以上に上げてしまうという典型的なパターンでした。

さまざまな名目を付け、あらゆる手立てで法人からI理事長個人に資産を移していくようになり、見た目の派手さに反して、分院の経営には余裕がなくなっていきました。ましてや、シフト勤務の勤務医任せにしている本院は、ほとんど見捨てられたお荷物のような状態です。

診療報酬を伸ばすことのみに目が行くようになり、診療の質や患者さん対応は二の次に。昔と比べると表面的なサービスになっていきました。「とにかく数字を出せ!」と、コーディネーターや勤務医を急かす日々。スタッフの間にもギクシャクした雰囲気が広がっていき、退職者も出始めました。

保険請求の軽視

さらには、近隣に新しくきれいな歯科医院が出来たため、競争に勝つためにひたすら診療報酬を上げることが存在目的のようになり、日々の管理はおろそかに。自費診療を拡大することに傾注するあまり、診療の根幹である保険請求の管理を「面倒な事務作業」と軽視する傾向が出てきたのです。

保険診療の比率は急速に低下していましたが、それでも収入全体の3分の2程度はありました。しかし、保険診療を軽視するようになると、多少の返戻があっても、まともにコメントできないレセプトが繰り返し出てくるようになりました。

後に、「歯科医師会に刺されて個別指導になった」と恨み事を言っていたI理事長。その真偽はともかく、「最終的に請求する点数さえ低ければ、審査の段階で問題視されない」という誤った認識を持っていたようです。繰り返される返戻、査定。その背後に傾向診療か慢性的な逸脱があるのではないかと疑われても、文句を言える状態ではありませんでした。

しかし、競合が近隣に出来ても、なぜか患者数は伸び続けていました。これはスタッフの努力だけでなく、やはりI理事長が歯科医師としてどこか魅力があったからでしょう。そのため、地元で最も件数の多いグループに分類される優良法人となっていました。

その分、返戻なども増えるのですが、その対応は完全に事務スタッフ任せに。I理事長は来た書類をファイルに綴じておくだけで、どのような理由で請求に疑義が出ているのか、全く関心を持ちませんでした。

予期せぬ地方厚生局からの通知

そのような状況に、ついに外部からメスが入りました。ある日、地区の地方厚生局から個別指導通知が届いたのです。ところが、その通知が理事長に渡されたのは、通知が届いてから数日後でした。事務スタッフは「何の通知だかわからなかった」とのことでした。

当のI理事長も、「なぜだろう。請求点数も低いし、問題があるような請求はしていないはずだ」と思うばかりで対処が思い浮かばなかったとのこと。

個別指導通知の問題

早さの観点などから、「個別指導通知を、郵便よりFAXにしてほしい」という要望が保険医の間では根強い。地域によってFAXでの通知を認めている所もあるが、東京都などが封書にしている理由は「誤配があってはならないから」というもの。

しかし、個別指導では指導対象となるカルテの指定の一部が指導日の前日に届くこともあり、準備のための時間が読めないことから不満が強い。

そこで､社会保険の担当役員をしている同窓の先輩に相談しました｡その先生から、地区歯科医師会との関係、患者さんからのクレーム、最近の返戻状況などを問われた際､｢特別な変化はない｣とI理事長は返答したそうです。

I理事長は受付スタッフに、保険請求の状況や患者さんからの問い合わせ、外部からの電話などの状況を、過去1年ほどさかのぼって調査するように指示しました。同時に、勤務医に個別指導の通知が来たことを伝え、一緒に提出書類の準備に当たりました。

スタッフの士気の低下で崖っぷち

数日後、社会保険担当の先輩から連絡がありました。今回の個別指導はかなり厳しくなる可能性があるそうで､｢相応の準備をしておかなければ、保険医療機関として診療ができなくなる可能性もある｣とのことでした。この言葉で、さすがのI理事長も動揺しましたが、先輩から指示された対応は、とても残された期間で準備できるようなものではありませんでした。

準備は徹夜作業でも整わず、疲れ切った勤務医の1人が翌日から来なくなり､｢辞めます｣とFAXが。深刻な士気の低下を遅まきながら認識させられたI理事長。

明らかに準備不足で臨んだ個別指導では、指摘事項に一切抗弁ができず、多額の自主返還に同意することになった上､｢改善が認められず再指導｣の通知。勤務医の離脱、そして診療報酬の大幅な減少が経営を直撃しました。そして、事務管理機能はカルテチェックに忙殺され、麻痺状態になってしまいました。

スタッフ間の対立も顕在化。カウンセリング部門と勤務医、歯科衛生士のいずれにも高いノルマを課していたため、三者が競合関係になり、激しく言い争うこともよくあり、突然退職するスタッフも続出しました。

初めて経験する危機的な状況に、I理事長は大きな不安といらだちを感じるようになり、患者さんの前での暴言も増えていきました。そして、とうとう急速に下降した診療報酬と患者数により、固定費の大きい分院を維持できない状況に陥りました。

ようやく個別指導が終わり、個別指導への対応で生じた医院の混乱によって減少を続けていた診療報酬が、何とか下げ止まりました。しかし、多額の自主返金を示唆され、その返金処理も膨大な作業量。運営資金は金融機関からの融資を必要とする状態にまで落ち込んでいました。

内部留保の蓄積がある場合には、急に経営環境が悪化しても、一時的に持ちこたえることはできます。しかし、I理事長は内部留保に回すべきものを個人の贅沢に使い果たして余裕はない状態で、個別指導で信用と士気を失い、残ったのは多額の借り入れと黒字の望めない不良債権化した大規模な分院だけというありさま。

医院、または自宅の売却を余儀なくされてしまいました。

再生

個別指導が終了し…

落ちるところまで落ちきった方が、返って冷静になれるもの。I理事長は今回の個別指導、1年後に予定されている再指導のことを考え、もう一度開業時の気持ちに戻って医院運営を主体にすることを選択しました。自宅を売却し、生活費を縮小する決心をしたのです。それは個別指導で得た教訓でもありました。

医院運営がうまくいかなければ、今後の生活も維持できません。「年齢的にも、まだ再スタートできる。もうすぐ子どもたちの教育費用も増えてくる。今のうちに、この法人を立て直そう」と考えたのです。

さらに、今回の個別指導は自分の保険診療軽視の姿勢から生まれたものであり、勤務医の診療の管理や受付の保険請求作業の軽視も、その原因は軽はずみに競争戦略を取ったことにあったと痛感しました。

この個別指導は、I理事長に今一度、日々の診療と保険請求の管理、既存患者の満足度向上、スタッフ教育など、基本に返ることを決意させました。その結果、一時的に診療報酬が下がるかもしれませんが、砂上の楼閣のような安定しない運営よりも、確実で長期的な視点で経営する方がよいと考えたのです。

この心情の変化は、個別指導のための事務作業を自らが主体となって行ったために起きたものです。まず、今まで曖昧なままでやり過ごしていた保険請求業務に、きちんと向き合う決意をしました。

開業当初、歯科医師１人、歯科衛生士１人、助手１人、受付１人、ユニット３台からスタートし、今はすでに、地域から信頼を得ている医院が２つもあります。それを大切にしなくてはと、I理事長は考えました。I法人が最初の５年間に行ってきた「地域の患者さんの信頼を得ることに主眼を置き、競合する地区の歯科医院との調和も保つ」という、まさにその状態に戻すことにしたのです。

保険請求を学び直す

まず始めたのは、医事担当者の育成でした。受付、アシスタント、歯科衛生士の中で、保険請求事務を勉強したいスタッフに声をかけ、学習の機会をつくりました。さらに、週１回、外部から専門家を呼んでカルテの勉強会を開催し、過去のカルテの問題点と改善方法を検討しました。

今までは「点数さえ低ければ問題視されない」という誤った認識で請求していたのですが、きちんとデータに基づいて、病名と診療の流れを整理していきました。すると、思いがけずI法人の患者層の傾向

がわかってきたのです。

きちんとした診療の流れがあるものは患者満足度も高く、継続的な通院につながっており、かなり高い確率で自費診療に移行していることが明らかになりました。

このI法人の「過去のデータの蓄積がある既存患者を大切にしていく」という戦略の基となったのは、他業種のセミナーで得た「競争の戦略」というものでした。他業種の知恵をそのまま歯科業界に当てはめようとするのは考えものですが、参考になる部分もあったのです。

スタッフの気持ちも変化

それぞれの歯科医師・歯科衛生士が、担当する患者さんにきちんと時間を取って治療説明をするようになりました。また、定期的に臨床研究会や保険勉強会を開き、患者対応の在り方を見直すことで、以前とは全く違うチームへと変化しました。

きちんとした診療と保険請求を行い、無駄な経費を減らすという行為を積み重ねていけば、後ろめたく思うことはありません。トップであるI理事長が積極的に陣頭指揮を執ったことで、スタッフの気持ちも短期間で大きく変化しました。

「患者さんにも、私たちの変化はわかるのかな?」という受付の言葉に表されるように、生き生き働いているスタッフが、患者さんを呼び戻すようになりました。

経営の危機的な状態は、理事長の個人資産の処分で回避され、次第に復調を見せていました。勢いがある時は内部留保という考えがなかった理事長も、この危機対応によって、「組織の安定運営には内部留保が必須」と考えるようになりました。

個別指導から1年後の再指導は、経過観察扱いで無事終わりました。理事長を含む医事担当のメンバーは、安堵感と今まで取り組んで来たことへの充実感で涙する者さえいました。

I法人の完全な復活までそう時間がかからないことは、誰の目にも明らかでした。

10

「患者視点ゼロ」で行き詰まり妻に暴力も…

そもそも「自分が納得できる診療がしたい。それを理解してくれる患者さんだけ来てくれればいい」と考えて開業したJ先生。技術志向が強く、患者さんの立場に立って考えることができないため、次第に患者さんが離れ始めた。開業前は思いもよらなかった経営ストレスから、とうとう妻に暴力まで振るうように……。開業当時からのスタッフも退職し、閉院の危機に陥った。

自分だけが納得できる治療を目指す

都市部の郊外の住宅地で開業したJ先生。「自宅から近くて人が集まる所」ということ以外、特別な希望はありませんでした。患者視点で開業場所を選ぶのは、自分の診療技術の軽視につながるように思えたのです。

J先生の父親は、自宅の一部を改装してユニット2台で診療していたのですが、それで十分に経営できていたというJ先生の潜在的な経営認識が大きく影響していたかもしれません。開業さえすれば経営の心配は必要なかった時代と今とでは大きな違いがあるという認識はなかったのです。

「自分の治療の質や方針をわかってくれる患者さんだけを診て、自分が納得できる治療がしたい」というのが、J先生の考えでした。

待合室の本は専門書が多く、壁には新聞や週刊誌の歯科関係の切り抜きなどがべたべたと貼ってあり、歯科の専門的な映像ばかり流している状況でした。

雑然とした待合室に対し、診療室には外国製の高額なユニットが鎮座し、ドイツ製のマイクロスコープや、CAD/CAMもいち早く導入していました。

当時は珍しかった個室タイプ。3台のユニットのうち1室は院長室も兼ね、絵画のコレクションと見間違えるほど誇らしげにサティフィケートがずらりと飾られています。机の上には、機器のカタログや技工料金表、インプラント体の料金表、セミナーの申込書類などが無造作に山積みされていました。

全体的に患者視点が不足し、「自分がしたいことが患者さんの要望と重なるはず。『患者さんがリラックスできる』などの情緒的な要素は全く必要ない」という姿勢が感じられる医院でした。

患者離れが進み…

開業時に一切借り入れをしなくて済んだこともあり、その資金的な余裕がJ先生の技術志向に拍車をかけました。勉強会での発表のための症例が増え、歯科医院というよりも研究所と化していたのです。患者さんの要望すら干渉と考えていたJ先生から患者さんはどんどん離れてしまい、「あの先生、何様?」「こちらの希望を聞くよりも、院長の実験台にされているみたい」「ウデはいいかもしれないが、あんな医院には二度と行かない」とまで言われるようになってしまいました。

経営状態の悪化にもかかわらず、あくまで自分の診療方針を貫き通そうとする夫に不安を感じた妻が、見かねて診療スタイルに口出しをしたことで、「妻は最大の協力者」と思っていたJ先生の自信が大きく揺らいでしまったようです。次第に患者さんやスタッフへの不満を露骨に表すようになり、度々、大声でスタッフを罵倒することも。患者さんから「スタッフの人がかわいそう」とまで言われるありさまでした。

そして、勤務医時代は穏和な性格だと思われていたJ先生が、とうとう妻に暴力を振るうようになってしまいました。

開業時からのスタッフも、このころには全員退職。新しく募集しても問い合わせさえないのは、近隣に悪い評判が広まってしまったからのようです。

夫婦にとって悪夢のような毎日。ゆとりがあったはずの経営が徐々に低迷し、10年目に経費を差し引いた実質的な月収は40万を切り、とうとう医院の経営に終止符を打つことを真剣に考えなければならない事態になってしまったのです。

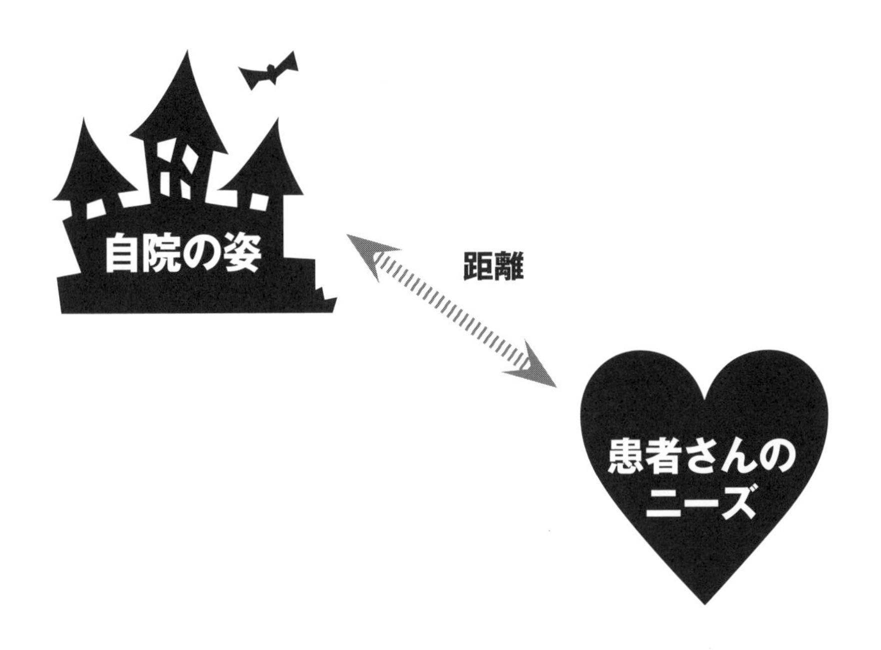

再生

経営に対する「無知の知」

このような事態になって、初めて経営とは何かを全く考えていなかったことに気付いたJ先生。

大学時代は、「親がかりで開業するのが当たり前」と思っていた上に、先輩たちは「経営は大変だ」と言いながら良い車に乗っているし、良い生活をしている。特に苦労することなく医院を経営しているように見え、その大変さを実感する機会がなかったようです。

「いくつかの医院で実務経験を積み、業者に依頼すれば、開業は誰でもできる」と思っていました。

スタッフの管理も、歯科医師として経験を積み、相応の給与さえ出せば自分に従ってくれるだろうと考えていました。歯科医院の経営が全般的に厳しい状態になっているということは、知識としては知っていても、自分には関係ないことだと思っていたのです。

しかし、J医院の現実の経営状態といえば、開業時に親から提供してもらった資金と、借りなくてよかったにもかかわらず、親の付き合いで銀行から借り入れた資金で回しており、自力で経費を払ったことは一度もありませんでした。他の業種だったら数カ月も持たないだろうと思わせるほどのお粗末な運営だったのです。

経営セミナーに参加

J先生の転機となったのは、会計士から勧められた、医業経営を考える2日間のセミナーに参加したことでした。そのセミナーは、医院の事務関係者や経営者の家族に向けたもので、4つのテーマに分かれていました。

テーマ❶ 自院の収益改善ポイント

まず、以下のような「業績悪化の4つの要因」を元に解説がありました。

業績悪化の４つの要因

① **経常利益の減少**
支払利息の増加、固定費の増加、変動費率の上昇

② **医業利益の減少**
固定費の増加、変動費率の上昇

③ **限界利益の減少**
変動費率の上昇

④ **医業収益の減少**
患者数の減少、実日数の減少、レセプト単価の低下

その中でＪ先生の心に残った言葉は、「医療の質の改善を理由にスタッフを増員したり、最新医療機器への設備投資を行ったりする際は、そのコスト増を賄うだけの医業収益を確保しなければならない」というものでした。

Ｊ医院では、患者数が減少し、収入が伸びていないのに人件費や技工料・材料費等の変動費は増加していたのですから、どう考えても経営がうまくいくはずはありません。

テーマ❷ 顧客が求めるサービスとは

そして、顧客が求めているサービスとして挙げられたのが、以下の４つでした。

顧客が求める４つのサービス

① **基本価値**

通院の基本となる不可欠な価値

② **期待価値**

患者さんが通院で当然期待する価値

③ **願望要因**

期待してはいないが、あれば高く評価する価値

④ **予想外価値**

期待・願望のレベルを超え、喜び・感動を与える価値

「基本価値と期待価値は患者さんが当然手に入れられると信じているレベルの価値で、最低限満たしていなければならない。願望価値と予想外価値を提供できてこそ、初めて競争上の優位を確保できる」という言葉に、J先生は考えさせられました。

自分は患者視点から外れた、技術者としての力量を伸ばすことばかり考えており、医院を存続させるための基本価値と期待価値さえ提供できていなかったのかもしれないと気付いたのです。

テーマ❸ 固定費の削減

固定費を削減する際に見直すポイントとして挙げられたのは、以下の5つで、「経費削減そのものより、取り組みに実感が湧くような工夫が大切。スタッフに共通認識を持たせれば、経営に対する意識を醸成できる」という内容でした。

固定費削減の５つのポイント

① 固定費の増加要因の検証

② 人件費の削減

（一人当たりの人件費が高いのか、スタッフ数が多いのか）

③ 賃料の削減

④ 接待・交際費の絞り込み

⑤ その他経費の見直し

テーマ❹ 人が物を買う心理を学ぶ

このテーマの講師はマーケティングの専門家でした。J先生は「自分のような経営音痴な人に向けた内容だ」と感じ、衝撃を受けました。

「患者さんが増えないというのは、他のビジネスでいえば『売りたい商品が売れない』のと同じで致命的なことだが、『なぜ商品が売れないと思うか?』と尋ねると、たいていの経営者は答えられない。うまくいっている経営者は、売れる理由・売れない理由を明確に説明できる。売るために必要なのは、『お客さまが物を買う心理を真剣に勉強すること』。つまり人が物を買いたくなる時は、ある特定の心理が働いているのだ」ということでした。

この2日間のセミナーでJ先生は、自分の行っていたことが、いかに患者ニーズからかけ離れたものだったかに気付かされました。そして、苦い思いを噛み締めながら、医院再生の決意を固めたのでした。

患者視点の医院づくり

J先生は、「自分の治療の質、内容、指針をわかってくれる患者さんだけを診療し、自分が納得できる治療がしたい」という診療方針は、経営が安定して初めて実行できることだと自覚しました。

まず、患者対応を第一に考え、受付の機能強化を目指し、新たに受付スタッフを採用することにしました。今までは3人の歯科衛生士が受付も兼ねていましたが、自分の診療スタイルを理解し、取り組みに納得してくれる歯科衛生士を1人だけ残しました。その結果、人員コストを今までの半分に抑えることができました。

そして次に、J院長自ら勇気を持って連絡し、治療を中断した患者さんに、その後の状態を確認し、要望を聞くことにしました。継続者にも意見を聞くために連絡を取るようにしました。

今まで欠けていた、「患者さんの意向にできるだけ対応する」「整理・整頓・清潔」「患者さんとの真のコミュニケーションを築く」という姿勢が生まれ始め、医院に患者さんの笑い声が響くようになりました。

妻に対する暴力も自然に収まりました。悪夢のような思いをしたことで、かえって夫婦の結束が固まった面もあるようです。

研鑽を積んできた歯科医療の提供も、成果に結び付いてきました。治療結果を出す、消毒滅菌が徹底しているといった機能的な価値と、患者さんが医院でリラックスできる、それぞれの患者さんのための話をするといった情緒的な価値が、噛み合ってきたのです。

日々の資金を確保できるレベルの診療報酬に戻るのにさほど時間はかからず、穏やかな気持ちで診療に取り組めるようになりました。

11

妻派、院長派で対立し妻・子は実家へ

先代の医院を継承し、「若年層の患者さんを増やして医院を活性化しよう」という目標を掲げて頑張ってきたＫ院長夫妻。夫人の経営手腕もあって、患者数は順調に伸び、地域の評判も銀行の評価も良好に。

しかし、医院がうまく回るにつれて、妻の介入が煩わしく感じられるようになったＫ院長。妻を医院経営から遠ざけようと考えたことからスタッフ間に派閥が生まれ、院内の雰囲気が最悪に。とうとう、妻は子どもを連れて実家に帰ってしまった……。

息子の妻がサポートして継承

地方都市近郊の駅前に開業して25年目のK医院。患者さんの高齢化が進み、医院の設備もずいぶん古びてきました。そこで、継承の話が出た時に、息子夫婦の希望を生かす形で大幅な改築を行うことにしました。若い世代の患者さんが少ないこともあり、リニューアルで医院の活性化もしたいと考えたのです。既存の診療室の一部を残した形で増築を行い、かつての2倍ほどの規模に生まれ変わりました。

増築中に、息子夫婦主導でスタッフの面接も行い、数人のスタッフを採用した結果、先代の院長、息子夫婦を含めて12人ほどの医院になりました。

新しい院長となった息子のK先生は、先輩たちに助言を受け、

・先代の患者さんを診るスペース

・若い世代を診るスペース

を分けるようにし、妻も加えて事務業務の分担を行いました。

継承して数年の間に、先代のころから勤務しているスタッフが退職したこともあり、現在はほとんど息子夫婦が採用したスタッフに変わっていました。このころすでに、スタッフも患者さんも、「医院を取り仕切っているのは若おくさん」と思うようになっていました。

先代のころのスタッフからは、「若おくさんの意向に従わないと、とてもK医院には勤められない」というぼやきも聞かれましたが、継承という急激な変化に対応できたのは、妻の手腕があったからとも言えます。

患者数は先代のころに比べて3倍近くにも伸び、先代の院長の使っているスペースや、設備の改善なども早々に検討しなければなくなるほどの勢いでした。

先代の患者さんを切り捨てる?

先代から引き継いだ患者さんは高齢者が多く、治療期間も医院での滞在時間も長いのですが、保険の範囲内の治療で済ませる人がほとんどです。そこで院長の妻は、「医院経営のためには、若い世代を中心にした方がいい」と、強く主張するようになりました。

自ら開業したわけではなく、継承という形で経営者となったK先生が、数値管理や人員管理を不得手としていた一方、妻の方は結婚前は都市銀行に勤めており、K先生の弱い部分を補完していたと言えるでしょう。

継承の際の増築も、先代の資金と少々の銀行借り入れで実現できていました。銀行への月次の会計報告も妻が行っていましたが、継承後数年で業績は格段に良くなり、銀行の評価も優良に。担当者からも、「資金の必要性があれば、すぐにでも協力したい」と申し出があるほどでした。

しかし、妻の友人は歯科界以外の人がほとんどだったことから、効率優先の考え方に傾きがちだったことも確かです。

「現状の設備のままでは、患者さんをさばくのが精一杯で、十分な診療を行うことができない」という妻の意見に、K先生も同意するように。かなりの融資が可能と聞かされたことで、より最新の設備に投資する夢が膨らんだのでした。

先代からの苦言

しかし、このころから先代が苦言を呈するようになりました。

「お前の学費は、今まで通院してくれた多くの患者さんが支えてくれたんだぞ。確かに患者さんは高齢になったし、医院の運営のためには少々問題がある人もいるかもしれないが、もっと大切にしたらどうだ」。

K先生はこの言葉にハッとしました。妻の姿勢は、子どもが手を離れるようになってから、いっそう強引になっていきました。その手腕は銀行や会計士も認めていましたが、妻の関与が大きくなるにつれて、K先生の中に妻の強引とも言える舵取りに対する反発の気持ちと、「干渉から離れたい」という思いが生まれ始めていたのです。

今までは、人事管理、保険請求の統括処理、医薬材料の購入・在庫管理などの主要な管理支援業務は、全て妻がこなしていました。管理業務の煩わしさを考えるとためらいもありましたが、先代からの苦言を機に、K先生は妻に医院運営から少しずつ離れてもらおうと考え始めました。

院内に派閥が！

医院を本当の自分の城にするためには、事務管理ができるスタッフを採用すればいいと思いつき、思い切って「医院の運営から離れてほしい」と妻に伝えました。

この一方的とも言える申し出に、妻の心中は穏やかではありませんでしたが、夫に医院運営ができるはずがないという思いから、表面上は「それはいいわね」と答えました。

表向きは納得したように見せても、経営陣のバラバラな意識はスタッフにも伝わるもの。次第に人間関係がギクシャクし始め、とうとう「先代派」「院長派」「妻派」という派閥が生まれ、院内に重苦しい空気が漂い始めました。重苦しい空気は、特に妻が医院に来る日はいっそうひどくなりました。

ある日、K先生の今までの積もり積もった感情が、一気に爆発しました。

「君には、医院のため、患者さんのためという意識はなくなったのか？　君のせいで、能力の高いスタッフが退職したいと言っているし、患者さんからも、最近のK医院はピリピリしていると言われる。親父の患者さんに対しても、失礼な態度が見られると聞いた。この医院は親父が大変な思いをしてつくり上げたもので、君のものではないはずだ。

確かに、継承当初はいろいろ手伝ってくれて感謝している。ただ、そのころとは医院の規模もスタッフの意識も違う。院長夫人の色が強い医院はうまくいかないと言うじゃないか。経理は自分たちでやるより会計事務所に任せた方がいいと思うから、引き継ぎをしてほしいんだ。

スタッフの採用や管理だって、君がいろいろ言うから、私の言うことなど聞かないスタッフも出てくる始末だし。お願いだから、今後は口出ししないでくれ」。

そう言われては妻も黙っていません。

「あなたって勝手な人ね。今の医院になるまでには、私の貢献もかなりあるはずでしょ！　お父さまのやり方を続けていては、いずれダメになっていたはず。あなただって協力してほしいと言っていたのに、少し良くなったら、私には意見も言うなと言うの？　あなたが経営管理をしたら、この医院は1年と持たないでしょうよ!」

妻・子は実家へ

けんかの翌日、妻は子どもを連れて実家に帰ってしまい、書留で離婚届が送られてきました。同封された手紙には、いろいろなことに耐えて頑張ってきたのに、自分の今までの貢献が全く無視されたこと、嫁として一緒に暮らし続けていくことに対する疑問などが記されていました。

この出来事をきっかけに、退職届を出す者、明らかにやる気のない態度で受付に座る者などが出始め、医院の雰囲気はさらに悪化。辞める意思表示をしたスタッフは、誰彼構わず院長夫婦のもめ事を話すようになりました。まさに、医院の秩序の崩壊と言える現象でした。

K先生の戸惑いと先代の思い

経営者であるK院長はこの状態にうろたえてしまい、何とか日々の診療はこなしていたものの、精神的な悩みを抱えているため、疲れがどんどんたまっている感じでした。それにつれ患者対応も雑になり、患者数はどんどん減り始めました。

親族経営のリスク

親族経営でなければ、経営者間で意見の相違があっても、それを収拾しようという調整機能が働くもの。しかし、身内同士の場合はそうした意識が働かず、それぞれが相手を非難する行為に終始する傾向にある。

親族同士が争うと、どうしても遠慮がなくなったり、心の中の甘え意識が邪魔したりして、事態が一段とこじれてしまう。同族企業のお家騒動は想像以上に大きな混乱を生むことがあるので、歯科界のように親族経営が多い業態でも、注意が必要。

そもそも個人開業の医院では、経営者の私生活が色濃く出ることが多いもの。それについてはプラスもマイナスもあるが、医院の秩序を保つ意味では、大きなリスク要因となる。

経営者に端を発した秩序の崩壊は、内部的にも対外的にも大きな悪影響を及ぼす。ましてや、経営者夫妻の関係が医院にもたらす影響は、計り知れないものがある。

一方で先代の方は、むしろ生き生きした感じに見えました。

「少し前の感じに戻ったな。私には、このリズムの方がいいよ。実績が上がるのは良いことなのだろうが、何かギスギスした感じだった。出て行った嫁のことはお前が考えることだが、医院の運営には関わらせない方がいいんじゃないか?」

K先生は複雑な思いでした。

再生

妻からの手紙

しばらくして、妻から手紙が届きました。前の手紙のような強い姿勢は薄れ、「医院をより良くしたいと思い、自分ばかり耐えて頑張ってきたつもりだったが、空回りしていたかもしれない」ということが書かれていました。ただ、先代との関係にはやはりストレスがあるので、今までのように医院運営に関わるのは避けたいとのこと。

夫が先代の医院を継承することへの複雑な思いを表に出さないようにするために、自分ができる数値管理や人員管理を頑張ってきた。銀行への月次の会計報告も会計事務所との連携も苦ではなかったが、その頑張りに対して「余計なことをしている」と言われて失望し、いっそう頑なになってしまったということでした。

先代の姿勢に抑圧的なものを感じ、仮にK院長の下に戻ったとしても、先代とはとても一緒に仕事をする気持ちにはなれないようでした。

外部のサポート

一方で、妻の干渉から離れたいというK先生の思いも、徐々に収まってきました。しかし、先代の言葉や妻の気持ちを考えると、「人任せにするのではなく、自分の力で医院をつくり上げていくべき」「先代の患者さんもサポートしながら、現在の患者さんの信頼を取り戻し、医院を維持しなくてはならない」という意識が次第に強くなってきました。それは、単なる「2代目」と言われないためにも、経営者として乗り越えなければならない壁だったのです。

妻が実家に戻ってからは、実績はかつてのほぼ半分。銀行や会計事務所からも、赤字について指摘を受けていました。

そんな折、医院の経理を担当していた会計士から、共同事務所を開設するB氏を紹介されました。B氏は会計士の資格と社会保険労務士の資格を持ち、今まで妻がこなしていた人事管理、保険請求処理、医薬材料の購買管理などの主要な管理支援業務のほとんどを受託してくれるというのです。費用的には、若いスタッフ1人分ほどのコストがかかりますが、わらにもすがる思いで依頼することにしました。

友人の医院を見て、必要以上に親族が関わると医院運営にはマイナスになると感じられたこともあり、B氏の出現により、K院長はとうとう妻を医院経営から切り離す決断をしたのです。

先代は、「経費が増えることなどを計算に入れて、覚悟して運営するのであれば」と賛成してくれました。妻にも自分の運営に対する考え方や、外部への依頼についてきちんと話すことを決めました。

「誰の力も借りずに、医院を自分の城にしたいと言って妻を追い出すようなことをしたのは、2代目の甘えがあった」と、今では思えるようになりました。そのための準備を何もせず、感情に任せて口にしたことが、このような事態を招いたと悟ったのです。

スタッフへのヒアリング

B氏のアドバイスを受けて、K先生が医院改善のために最初に行ったのは、スタッフの面談です。それは、スタッフが今回の出来事をどう捉え、何を問題としていたかを確認するためでした。

退職してしまった妻派のスタッフの話

【スタッフA】

「退職を決めたのは、院長や先代が、おくさんの活動を評価せずに、余計なことをするなと言わんばかりの態度を取っているのを見たからです。おくさんは不慣れなことも人に尋ねながら、医院のために頑張っていました。おくさんに頼りきっているくせに、意見を言うと嫌がるような院長が運営するような医院にいても、今度は自分が同じような嫌な思いをするだけだと思いました」。

【スタッフB】

「確かに、おくさんの言い方も良くないと思うことはありましたが、そのように強く言わなければ院長はわからなかったと思います」。

【スタッフC】

「もっとおくさんの立場や仕事の成果を評価すべきです。スタッフではあそこまで気を回すのは無理です」。

退職したスタッフからは、妻の手腕を称え、それに対する正当な評価をしないK院長に対する憤りが見られました。

残留組の歯科衛生士の話

【スタッフD】

「私は他院からの転職組ですが、継承にまつわるトラブルはよくあることで、院長の発言が特にひどいとは感じませんでした。

確かにおくさんは頑張っていましたが、ずいぶんピリピリしていて、意地になって仕事をしている感じがし、これだと長続きしないのではと気になっていました。そのピリピリ感が院内に充満していたのは、良くなかったと思います。

院長も最初のころはおくさんに任せきりだったので、おくさんは余計に頑張ったのだと思います。とても仕事ができる人だと思いますが、私たちにも自分と同じ水準を当然のように求めてきたので、特にアシスタントや受付は働きづらかったのではないでしょうか。

院長も、最近はスタッフへの気配りもよくしてくれるので、今のような運営管理が良いと思います」。

妻の仕事ぶりはある程度評価しているものの、一緒に働くとやりにくい部分もあるということのようでした。

B氏からの医院改善案

ヒアリングを行った後、K先生、会計事務所の担当者、管理支援業務を行うB氏とで、今後の方向性について協議を行いました。まずB氏が切り出しました。

B氏の提示した改善案

① 親族経営の色合いを消し、それぞれが役割と責任を持つチームに変える

※具体的には、先代の診療を、期間を決めて徐々に減らしていくか、勤務日を決めて一歯科医師として働いてもらうようにする。経営はK院長に任せ、妻は医院運営から完全に切り離す。

② 職制ごとにリーダーを選び、そのリーダーが日々の運営に必要な判断をして院長に報告し、運営を進める

※慣れるまで仕事は遅くなるかもしれないが、その間はルール作りに必要な期間として考える。

③ 医院運営に関する全てに基準を作る

※職制ごとのリーダーが基本のルールを作り、見直しをしながら完成度を高めていく。決める前には、K院長に必ず承認を得る。ローカルルール（各自が臨機応変に作るルール）はしばらく作らない。

④ 数値管理はできる限り共有する

※リーダーが育ったら、数値管理とその達成に責任を持たせるようにし、業績によって手当なども考えるようにする。

⑤ 半年ごとに目標と重点課題を作る

※当面は3カ月ごととし、その達成のために活動する。今後2年は、それ以外の新しいことには着手しない。

提示した資料

① 就業規則と給与体系の見直しの結果起きる収支シミュレーション
② チームの役割表と、候補者氏名およびその理由
③ 1年を3カ月ごとに分けた収支と、そのために行うべき課題表
④ 3カ月ごとの計画と課題
⑤ 銀行等の追加融資のための説明資料

「私の役割は、今回の経営危機を乗り切り、K医院を継続的に発展させるにはどうしたらよいか考えることです。そのため、これは院長の意にそぐわない提案かもしれません」と前置きした後で、改善案（**左表**）と、資料（**上表**）を提示して説明。それによると、最も良い時期の実績まで1年間で戻すことが可能となっていました。

また、今の業績では一時的に資金がショートする可能性があるとし、その準備のために、銀行に追加融資を依頼する必要があることが説明されました。

K先生は基本的に今回の改善計画に同意したものの、妻への説明と、現スタッフがチームとしてうまく機能するか気にしていました。B氏は、スタッフに対する不安については自分とK先生とで面談を行い、医院の改革について説明することとし、妻に対する説明は今後の課題

としました。

翌日からスタッフに対する説明を進めていきましたが、その反応は思いのほか良いものでした。K先生が、「みんな明るい感じになって、素直に聞いてくれ、安心した。自分たちがスタッフの気持ちを混乱させていたということを痛感した」と言うと、B氏は「混乱の原因さえうまく取り除けば、あの計画はほぼ達成できます」と答えました。

その言葉にK院長は安堵。残る課題は妻への説明でした。以前、妻から送られてきた離婚届を、妻の目の前で破り捨て、何回か話し合いが持たれていました。「医院の運営から離れて、家庭に戻ってほしい」という要望を繰り返し伝えていましたが、妻からは「いろいろ考えてみます」という返事だけでした。

自ら人選したリーダーとのミーティングも連日のように行いました。まずリーダーの意見を聞くことから始めるようにしたところ、いろいろな角度から意見が出てくるようになりました。「スタッフに任せられるはずがない」という自分の思い込みを反省すると同時に、医院を立ち直らせる手応えも感じるようになりました。

先代からの申し出

そんなある日、診療後のミーティングの最中、先代から「話があるので自宅に顔を出すように」と言われました。家では、先代と母親が待っていました。

先代から、「世代交代を一気に進めるために同居を望んだのだが、自分の築いた医院がなくなる寂しさもあって、嫁に嫌な思いをさせたかもしれない」「Kが良いと思うなら、私の診療の日を大幅に減らしても構わない」などの思いが伝えられました。そして、息子夫婦の円満な解決の足かせになるのであれば、二世帯同居をやめてもよいという意向も示しました。

K先生は複雑な気持ちでしたが、「自分が考える通りにしてみろ」と、大きく背中を押されたようにも感じました。

妻の迷い

医院には少しずつ活気が戻り、患者数も回復のきざしが見えてきました。何より、K先生が運営の手応えを感じたことが大きいと言えます。面倒だと思っていた事務作業も、外部からの力を借りながら、次第に理解できるようになってきました。それと同時に、改善へのヒントも湧くようになったことに、院長自身、驚きの変化でした。

また先代には、先代を慕う患者さんがいる限り、勤務は継続してもらうようにお願いしました。残るは妻との話し合いですが、この件は予想以上に進みませんでした。

その後届いた妻からのメールには、会って話ができない理由とともに、妻の自責の念が書かれていました。

「院長夫人という立場よりも、自分の意地と、先代以上の評判の医院にしたいという目的のために行動していた。K医院の過去の歴史や風土を考えず、経営効率のためには昔からの患者さんを切り捨て、若い世代の患者さんに切り替えていく方が良いと、先代の立場も考えないで主張してしまった。

経営者であるK先生をサポートするはずが、評価を下げるような発言をした自分も許せなかった。医院をより良くしたいと、いろいろなことに耐えて頑張ってきたのも、結局空回りになって自分を追い込んでしまった。

自分の利己的な行動が夫婦や親子関係も悪くし、スタッフの混乱も招いて地域での信頼を失うことにつながったと思う。これらのことを考えると、妻として結婚生活を続けていく自信がない」。

妻の気持ちが大きく変化したのは、B氏のサポートを受けて医院が順調に改善していることを耳にしたためです。それまでは、自分の存在が医院にとって欠かせないものだとの自負があったのですが、今の医院の状態を知り、自分の力を過信していたことに気付かされたようです。

「このままの気持ちで戻っても、先代への申し訳なさなどから、今までと同じように穏やかな気持ちで家庭のことをできる自信がない」と言う妻に、K先生は義父母と別居してもよいこと、先代の診療日を減らすことなどを伝えました。

改善の手応え

銀行の追加融資のための資料作成は、K先生を主体に進め、実際の銀行への説明も今までとは全く別人のようでした。一時期、半分以下まで落ちていた実績も、この数カ月で7割程度のレベルまで戻っていたことも、自信を持たせたと言えます。結局、K先生が作成した「過去実績をベースにした見込みのシミュレーション」によって、追加担保なしで、ほぼ希望額に近い追加融資に応じてくれたのです。

院内では、院長が任命したリーダーが、問題点を自ら挙げるようになっていました。数値管理のレベルはまだ高くはないものの、任されているという気持ちからか、責任を持って行動するようになったのです。リーダーに役職手当を付けたことも、やる気を引き出した大きな要因の一つでした。

K先生が発表した3カ月ごとの目標と重点課題にも、スタッフは驚くほど積極的に取り組み、院内全体が生き生きとしてきました。まさに、改善の良い循環が生まれたのです。

それから数カ月後、単月での黒字化を達成。口では「ようやく」と言っていたK院長ですが、内心では「スタッフのチーム力は素晴らしい」と感嘆していました。

そして、K院長にとって一番力になったのは、妻が子どもを連れて戻ってきたことでした。

12

全て親がかりの開業で、早くも2年目に…

他学部への進学、休学や引きこもりなど遠回りを続けた後、33歳でやっと歯科医師免許を取ったL院長。技術はあったがコミュニケーション能力の面では問題を抱えていたため、実家が管理する医療ビルで、両親の監視の下、全て親がかりで開業することになった。

だが、やはりスタッフとうまくいかず、患者対応にも疑問が。とうとうスタッフが全員退職し、患者さんも減る一方。残されたA院長は、一人診療室に引きこもるようになってしまった……。

どう復活？

親の医療ビルで開業

4F　父親の内科　管理会社事務所
3F　歯科　←開業
2F　眼科
1F　母親の調剤薬局
母親が運営

L医院は、人口が急増している地方都市にある、いわゆる医療ビルの3階にあります。このビルは、母親の運営する管理会社の持ち物でした。

1階は母親が経営する調剤薬局、2階が眼科、3階が歯科、4階は父親の内科およびビルの管理会社の事務所でした。

L医院の主要な設備・内装は、母親の経営する設備管理会社が用意し、歯科医院が借り上げる形を取っていました。事務的な処理は、母親と長い間仕事をしている事務担当者が行っており、保険請求の統括処理、医薬材料の購買・在庫管理といった主要な管理支援業務を全てこなしていました。いわば親の丸抱えで経営している状態です。

L先生が行うのは診療、院内の人事管理、患者対応で、ある意味雇われの分院長とあまり変わらないレベルでした。

協調性がない！

元々両親は、父親の内科医院と医療ビルの運営を継承するため、L先生が医学部に進学することを望んでいました。親への反発もあり、音響画像処理の学部に進学したL先生でしたが、人間関係がうまくいかず、希望していた内容とも違ったとの理由から、1年ほどで休学し、2年間家に閉じこもる生活をしていました。

その後、医学部の再受験を目指し数年の浪人生活を経た末、歯学部に入学。しかし、やはり数カ月で通学しなくなり休学。結局9年かかって卒業。歯科医師免許が取れた時には33歳になっていました。大学卒業後は、しばらく父親の口利きで大学の医局に残っていましたが、人間関係の問題から退局。一般開業医での非常勤勤務を数カ所こなし、再び母親の紹介で総合病院の歯科室に勤務しました。

総合病院では、患者さんの評判はまずまずでしたが、自分の落ち度を周りのせいにするような言動が度々見られ、そのことを医局の責任者に問われると、その後のミーティングを欠席したり、面倒な話になると急にいなくなったりしてしまうこともありました。

同僚からは、「技術と知識は問題ないが、協調性がない」「人を雇って開業なんかしない方がいいだろう」と言われていました。

しかし、両親は「技術的には問題ないのだから、しっかりした事務担当者を付ければ何とかなるだろう」と考え、自分たちの監視下で開業させることにしたのです。

受付は調剤薬局の勤務者の紹介、歯科衛生士と歯科助手は一般募集で採用し、スタッフ3人体制でスタートしました。そして経理や管理事務のために、前述した事務担当者が配置されました。

スタッフとの関係が険悪に

開業から1年ほどは、同じビルの調剤薬局、内科、眼科、両親の紹介などの患者さんが集まり、順調なスタートでした。受付は調剤薬局と連携し、感じも良かったので、評判はまずまずでした。

事務担当者は、L先生の母親に日々の業務報告をするのが日課でしたが、院長とスタッフの関係については深入りしませんでした。

開業から1年半後、結婚・妊娠を理由に受付スタッフから退職の申し出があり、その引き継ぎのために、事務担当者が医院に終日いることが増えていきました。そこで、スタッフとのやりとりや、患者対応に疑問を覚えるようになり、受付スタッフに尋ねたところ、院長の言動にかなり問題があり、そのせいもあって患者さんが離れているということがわかりました。

特に、ひどい言動はエスカレートする一方で、スタッフが診療のアシストに手間取ったり、診療内容の連絡不備などがあると、大声を出して器具に当たりながら暴言を吐いたりする始末。スタッフも怒られることに敏感になり、行動がぎこちなくなってしまっていました。

患者さんの口腔内を見て「前医での患者教育ができていない」と言うなど、患者さんが気分を害する言動も増えているようです。

朝一番の診療でちょっと気になることがあると、一日中不機嫌で、スタッフに対する言動は注意や教育というよりも、いじめとも言えるものにまでなっていました。

スタッフの本音

そこで事務担当者がスタッフに個別に話を聞いてみると、「院長の言動は人として許せない」「親の支援で院長になっているだけで、スタッフの誰も院長として認めていない」といった厳しい批判が飛び出しました。

今までは受付スタッフが他のスタッフの不満を聞き、うまく調整していたということもわかってきました。紹介で送り込まれた患者さんのそばを離れないようにして、院長に診療以外の対応をさせないようにもしていたそうです。

彼女の退職も、表向きの理由に加え、このストレスに耐えられなくなったからだと言えそうです。そしてミーティング終了後、他のスタッフからも退職届が出されました。

スタッフの話は以下のようなものでした。

歯科衛生士の話

「スタッフは全員、院長に対して嫌な気持ちを抱いています。『仕事＝生活の糧』と割り切って、結婚までは頑張ろうと思ってきましたが、今では院長と話すのも面倒になって、ほとんど口も聞きません。

転職が怖くて辞める決心が付かなかったのですが、受付スタッフが退職したらきっと大変な状況になると思い、これ以上は耐えられないので、退職届を出しました」。

歯科助手の話

「以前勤めていた医院の先生もかなり自己中心的な人でしたがL先生は異常だと思います。友人にL先生の話をしたところ、『よく我慢できるね。歯科助手はけっこう頻繁に募集が出てるから、他の医院に勤めてみたら？　このままじゃ病気になっちゃうよ』と言われ、退職届を出す決心をしました」。

受付スタッフの話

「調剤薬局で働いている友人から、『院長のお母さんはものわかりが良い人だから、長く勤められるよ』と聞いて勤務しましたが、いざ働いてみると、院長があまりにも子どもじみていて、人間的にどうなのだろうと思うことが多々ありました。院長に振り回されて毎日グッタリしていましたが、自分がしっかりしないと他のスタッフも辞めてしまうと思い、頑張ったのです。お給料は良かったので『院長はそういう人だから仕方がない』と割り切って働いていました。

でも最近は、院長がスタッフを人として見ていないと感じることが多くなり、同じ態度で患者さんにも接するようになったので辞めることを決めました。今は肩の荷が下りてホッとしています」。

全員退職！

スタッフの退職について両親と話し合った結果、事務担当者が医院の責任者として様子を見ることになりました。

スタッフの補充については、受付は医療系の人材派遣会社を通して採用することができましたが、歯科衛生士や歯科助手は、何度も高額の紹介費用を払って採用したものの、「L院長と仕事をするのは耐えられない」との理由で、1週間もたたずに退職してしまうのでした。そのため、他の医院の知り合いに声をかけて雑務を依頼し、絞り込んだ患者さんをこなす状態になってしまったのです。

患者さんは転院によってどんどん減っていきました。医院の設備や内装工事費の返済、家賃を支払うと、経営の収支は毎月かなりのマイナスが出るように。親の持ちビルで開業し、設備・内装の費用も親がかりでなければ、開業後数カ月も持たなかったでしょう。

さすがのL院長も、この事態に焦りと不安を抱き始めたようです。診療が終わっても、診療室から出てこないようになってしまったのです。両親は「医院の経営のことよりも、息子のことが心配だ」と、医院の責任者となった事務担当者を責めるようになりました。

スタッフが定着しないリスク

短期的に総入れ替えに近いスタッフ変更が繰り返されている医院では、院長は「スタッフが伸びない」「やる気が見えない」と悩み、スタッフは「信頼されていない」「独裁者みたい」と不満を募らせていき、院長とスタッフの安定した人間関係が構築できない。

そして、その雰囲気は確実に患者さんにも伝わり、患者離れを加速させていく。つまり、スタッフが定着しない歯科医院は、今後、今まで以上に大きな経営リスクを抱えることになる。さらに、院長が無責任とも映る横暴な運営に走れば、多くのスタッフが一斉に離反してしまうといった事態にもなりかねない。

負の方向に回ってしまった歯車を正の方向に戻すには、倍の力が必要となってしまうのである。

再生

「院長の自覚」に光明

医院の運営を任せられていた事務担当者は、この危機的状況から抜け出すには院長とじっくり話し合った上で、両親との協議を行う方が良いと判断。そして、「先生は、医院をどうしたいのですか?」とストレートに聞いてみました。

すると、「いつまでも親がかりでいるのは嫌だ。自分の力で健全に運営したいと思っているのだが、どうすればいいのかわからない……」という言葉が返ってきたのです。

驚いた事務担当者は、さらに真意を確かめることにしました。

――では、医院運営で特に不安と感じることは何ですか?

「人との関わり方かな?　人に嫌な思いをさせているのはわかっているが、つい思ったままのことを言ってしまう。それに、イライラすることがあると、『わかってほしい』という気持ちから、余計にきつい言い方をしてしまう。それが自分を孤立させてしまう原因だと思うが、どうにもならない」。

――患者さんが増えないのは、なぜだと思いますか?

「医院の雰囲気が悪いからかな?　自分の知識や技術のせいではないと思うけど、よくわからないな……」。

つまり、院長は自分の言動に原因があると自覚していたのです。このことに事務担当者は安堵し、少し光明が見えた気がしました。

「医療ビル」の強みを生かす

医院の通院者のほとんどは、同じ医療ビルに入っている調剤薬局や眼科、内科に通院している人でした。

そこで事務担当者は、経営を上向かせるためには医療ビルの他科と連携し、患者さんとの信頼関係を構築したり、安心感を与えたりするため、スタッフの医療サービスの質を向上させることが必要だと考えました。そして、院長の両親にさっそく以下のような医院改善プランを提出しました。

事務担当者による改善プラン

- ケア用品の充実を図る
- 当面、院長は医療行為だけとし、経営が安定して院長の言動が変化したら、院長としての業務を増やしていく
- 医療ビルの利用者の年齢や利用時間帯を考えて、若いスタッフよりも社会経験の豊富なスタッフを雇用する
- ゆくゆくは医療ビルの利用者を会員のように扱い、ビル全体で患者さんの健康をサポートする姿勢をアピールする

さらに事務担当者は、院長の両親に、歯科衛生士、歯科助手、受付に加え、患者対応を主体とするコンシェルジュ的なスタッフを採用したいという希望も出しました。以前よりも1人増えることになりますが、転院した患者さんが戻ってくれば、収支上も十分採用できると判断しました。

事務担当者は、当面は自らが主体となって、「患者さんが求めていることを探る」「各スタッフの役割を明確にする」「日々の問題を振り返り、改善方法を示す」ことも提案しました。

この提案を、院長も両親も無条件に受け入れました。両親からすれば、廃院を回避し、息子の自立の訓練もできることを考えると、資金的な補填だけで済むのであれば、望むところであったのです。

コンシェルジュ・スタッフの活用

医院の今の状態は、スタッフや患者さんに対する院長の態度に問題があったために生じたもの、つまり、院長の意思で解決できることだったのです。これが一番やっかいなことではありますが……。

そこで事務担当者は、それぞれのスタッフに自主性を持たせると同時に、患者管理をコンシェルジュ・スタッフに一任することに。

開業後1年半ほどの医院データを分析したところ、治療開始後に多くの患者さんの中断・転院が起きていることがわかりました。治療説明に問題があるからと考えられたため、患者説明に特化したコンシェルジュ・スタッフを置き、院長や他のスタッフがそれぞれの業務に専念できるようにしたいと考えました。

何か問題が起きたときは、事務担当者が即座に対応し、大事にならないうちに解決することにしました。さらに、その解決までの流れをスタッフ教育のツールとして活用することで、スタッフの不安を少しずつ減らしていく効果も生まれました。

これによって、スタッフの状態が落ち着き始めました。スタッフに求めるのは、「患者さんに不安感や不信感を与えないこと」に絞ったのです。シンプルかつ理解しやすいもので、スタッフの表情も、以前とは全く違う生き生きしたものに変わっていきました。

この変化が良い流れを生み、患者さんが戻ってきました。これらの変化は医療ビルの他科のスタッフにも、両親にも伝わっていました。

院長に改善意欲が生まれる

問題が一つ一つ改善されるにつれ、驚くほど院内の雰囲気が変化してきました。そして、他科に通院している患者さんからも、L医院の良い評判が聞かれるようになってきました。転院した患者さんが全て戻ってきたとは言えないまでも、口コミによって、一番多かった時期の患者数を越えるほどの患者さんが来院するようになったのです。

このような変化が、院長にも好影響を与えたようです。医療ビルに通う患者さんの家族にも来院してもらうために、治療だけでなく継続的な口腔管理を行いたいと考えた院長が、「もっと歯科衛生士に任せてみよう」と言い出しました。

「暴言」「暴力」「上から目線」のなぜ？

「そんなことも知らないのか？」「あいつは、本当にわかってないんだよね」という上から目線の言動や、「まあ、そうだよね」と知ったかぶりの受け答えを多発する人は、まず自信がない人と言ってよい。

自分に自信が持てず、不安でたまらないので、自分を少しでも大きく見せようと、常に武装している状態。隙あらば他人を見下すことで、自分が上であることを証明せずにはいられないのである。

自信がない人は、大きく次の2パターンに分かれる。

① 自分で何かを成していない人

親の七光り……に多いタイプ。周りが気を使うため自分はえらくなった気でいるが、その実、自分が何かを成したわけではないと、心の底では知っているため、不安感が大きい。暴言を吐いたり、暴力をふるったりという不安定な行動を取りがち。

▶ 本来の才能・個性を伸ばして実績を積んでいくと心に余裕が生まれ、等身大の自分を受け入れることができるようになる

② 自分の成したことより成せていないことに目が行くタイプ

日本人にありがちで、成功者と呼ばれる人にも多い。「暴言」「暴力」に発展することはあまりないが、不安感は強い。

▶ 自分が今まで成してきたことを意識して振り返ると、不安感が収まり、自信を持って安定した行動が取れるようになる

今までのL院長では考えられない前向きな言葉です。人は目標に自分の姿が近付くほどモチベーションが上がるという定説通りです。

それから1年ほどして、L院長は名実ともに院長と呼ばれるようになり、医院の建て直しに尽力した事務担当者も、医療ビル内にある全てのクリニックの運営管理のサポート役として、信頼されています。

一度「倒れる」という極限の状態に落ちたからこそ、「一人一人の患者さんを大切にする姿勢」が生まれたと言えます。また、医院の建て直しの過程が、今までずっと親がかりでやってきたL院長に、本当の自立を促すことにもなったのでしょう。

13

スタッフを「使い捨て」した結果…

叔父の急病に伴い、急に医院を引き継ぐことが決まったM院長。叔父の医院を支えてきた２人のスタッフと、新しく採用したスタッフの計４人で開業した。当初は叔父からの引き継ぎ患者や、新規の若い家族連れが来院して順調なスタートだったが、開業時からのスタッフの相次ぐ退職により、スタッフとの関係に変化が。スタッフを「使い捨てできる道具」と捉えるようになっていき、両者の信頼関係は悪化の一途をたどっていった……。

開業はまずまずのスタート

M歯科クリニックは地方の中核都市にあり、周辺郡部からの若い家族の転入者によって、人口は横ばいよりもやや増えている程度。歯科医院の新規参入はあまりなく、M院長は叔父の医院を引き継ぐような形で移転開業しました。

大学卒業後、部活の先輩の紹介で2軒の医院に勤務していましたが、叔父の急病によって急きょ引き継ぐことが決まり、帰郷したのでした。M院長自身は、開業はまだまだ先と思っていましたし、自分の故郷に近い所で開業したいとも考えていませんでした。

そのような状況だったので、まずは叔父の医院のスタッフに声をかけたところ、そのうち2人(歯科衛生士と受付兼助手)が引き続き勤めてくれることになりました。この2人のスタッフが、叔父の医院からの患者さんを誘導したり、地域と交流したりしながらM医院を支えてくれたと言えます。

そのため、開院当初からある程度の患者数が確保でき、さらに移転先近くのショッピングセンターを訪れる家族連れの患者さんも取り込むことができました。

医院の風土の変化

順調に見えた医院運営に少しギスギスした感じが出てきたのは、開業してから6、7年たったころからです。開業時からいて、医院の細部まで熟知していた受付兼助手が結婚退職し、数カ月後、やはり開業時から勤めていた歯科衛生士も退職。さらに翌年、もう一人の受付兼助手も退職。退職の都度、スタッフの補充を行いましたが、医院の雰囲気は少しずつ変化していったのです。

このような事態になるまで、M院長はスタッフの退職を気に留めることもなく、歯科医院のスタッフは5、6年で退職するのが普通だと考えていました。しかし、最近ではやりとりにもぎこちなさが生まれ、素直に院長の指示に従わないスタッフも増えてきました。補充したスタッフもすぐ辞めてしまい、短期間で入れ替わるように。そのため、M院長は開業時からいるスタッフを慰留し始めました。

また、求人会社の担当者からアドバイスを受け、新規採用者の給与基準を変えたのですが、そのことを以前からのスタッフには伝えなかったため、新しい求人条件を見たスタッフの不満が噴出しました。

新規スタッフに医院の診療理念などを理解させることもなく、教育は古くからいるスタッフに任せっぱなし。それも、日々の仕事に問題がなければよいというレベルのものでした。働くための心構えや姿勢、患者対応の基本を院長自ら教えるということをしていなかったのです。

しかも、院長には、「素人集団を率いていかなければならない」という不安感があったためか、しばしばスタッフに対して暴言を吐くようになったのです。

開業時からいるスタッフは、次のようなことを言っていました。

「一度院長から問題視されてしまったスタッフには、つらい仕打ちが続きます。院長のストレスのはけ口になってるのでは？ と思う時もあり、そばで見ている方もいい気持ちがしませんでした。

私たちより新人スタッフの給与が良いなど、待遇面でも裏切られたことがあり、信頼関係はズタズタで、必要なこと以外はほとんど話もしません。最近は院長に振り回されて毎日グッタリです。患者さんもその雰囲気を感じて、嫌な思いをして帰る始末です。

まだやり直しがきくうちに、早めに辞めて新しい職場を探すのが一番だと思います。私は代わりが見つからないので、なかなか辞めさせてもらえず働いているだけです」。

ここ数年の平均勤務年数は1年にも満たないほど、スタッフの入れ替わりが頻繁になっていました。

「院長、最後に言いますが、あまりスタッフの出入りが激しいと、患者さんに不審に思われますよ。患者さんが減ってきているのはそのためです」と言い残して辞めるスタッフも。

院内の人間関係はもちろん、経営状態もどんどん悪くなっていきました。

スタッフの話題と言えば、院長の悪口と転職の相談ばかり。さらに、今までは院長の悪口は診療の合間や片付けの時にスタッフルームで話していたのが、患者さんの前でも言い始めるようになったのです。

「今日発売の求人紙に、うちの医院の求人が出てたよ」「でも、きっと誰も来ないよね」「院長どうするのかな」「このままだとつぶれちゃうよね」……。

スタッフのつぶやき通り、M歯科クリニックは地域でも評判の悪い医院となって、欠員補充も思うようにいかなくなっていきました。何とかしなければというあせりの気持ちはあるものの、自分の力ではどうすることもできないM院長でした。

税理士、社労士との話し合い

そこで、まず顧問税理士に相談したところ、歯科医院の労務管理を専門とする社会保険労務士を紹介されました。「スタッフの管理を外部に依頼することで問題は解決でき、業績改善にもつながります」という社労士の言葉に、M院長はわらにもすがる思いで問題解決を依頼しました。

顧問税理士は、クリニックの経営悪化の状況を見て、「院長にスタッフ管理の重要性を気付かせたい」と思っていました。つまり、明確に「この経営悪化の原因は院長にある」と考えていたのです。

クリニックを再生するために、M院長と税理士、そして社労士を交えて話し合いが行われました。その席で、社労士から最近の若いスタッフの傾向について話がありました。

「人は変化を嫌います。特に、最近の若いスタッフはその傾向が強いです。新しいルールを導入するときなどは、それが良いことであっても好まないのです。

ある先生のクリニックでは、診療時間を変更したところ、大半のスタッフが退職する結果になりました。まして、給与の体系を変えるのはさらに大きな問題なので、相当慎重に進めなければいけません。スタッフに十分に説明して納得させながら、少しずつ変えていくという流れがとても大事なのです」。

3者の話し合いでは、税理士が出した過去のデータ（診療報酬、スタッフ数、スタッフの給与割合などをグラフ化したもの）を基に、社労士が主体となって開業時から現状までの問題点を指摘していきました。その改善事項は、M院長の経営者としての姿勢を問うものが多かったのは言うまでもありません。

自分の非を受け入れることには誰しも抵抗を感じるものですが、「このような状態になった歯科医院でも、適切な目標に向かって、スタッフの能力や適性を生かすように管理するスタッフマネジメントがなされていれば、意外と早く安定するものです」という、税理士と社労士の言葉に希望を託すしかない気持ちでした。

スタッフ管理の苦手意識をなくす

税理士と社労士から示された目標は、まずは繰り返される退職をなくすことでした。

安定していた時期には、チーフ的なスタッフが医院のまとめ役になっていましたが、そのスタッフの退職により、院長のスタッフ管理への苦手意識が一気に大きくなりました。それがストレスとなり、日々の診療の中で態度に表れるようになってしまったのです。

そこで、M院長の性格も考えて、次のような提案と具体的な留意点が示されました。

社労士からの提案

① 院長とスタッフとの間に、中間管理職的な調整役を設ける
② 主な業務をマニュアル化することで、評価・教育の透明性を確保する
③ スタッフの管理は、当面、社労士事務所の担当者が行う

具体的な留意点

■ 行き当たりばったりの説明や行動が、スタッフの不安や混乱を招いていた。 **➡ スタッフに「明確な指示」を出す**

■ スタッフ管理に苦手意識があり、大変な仕事をしているスタッフを評価せず、退職が続いていた。

➡ スタッフの役割について、もっと理解する

■ 患者さんの不安への対応や、治療後の説明は全てスタッフに任せていた。 **➡ 院長が、もっと患者フォローを行う**

社労士は最後にM院長に告げました。

「院長の決断は日々の行動に表れるもので、スタッフはそれをよく見ています。医院を再生するために、院長は何をしなくてはならないのか、よく考えてください。**あなたの医院なんですから**」。

この言葉が、M院長の心に突き刺さりました。

M院長の意識の変化

経営状態が良い時期は口には出さなかったのですが、M院長は「開業時に一緒に働いてくれたスタッフには感謝の気持ちがあった」と言います。

しかし、経営状態が悪くなった時は、「仕事を覚えて成長したいという意欲が感じられないスタッフに嫌気が差し、スタッフは仕事をするための道具としか考えられなくなった」ということです。

その考えの背景には、スタッフ管理の悩みを相談した友人や先輩歯科医師の、「オレの所は、開業から半年でスタッフ全員入れ替わった。他の知り合いも、最近のスタッフは何を考えているかわからなくて、すぐ辞めると言っていたよ」「教育のために勉強会の費用を出したり、有給を取らせてセミナーに参加させたりしても、何かあるとすぐ辞める。もうスタッフを育てるだけムダだよ。勉強したらしたで、理屈ばかり言うようになるしね。使い捨てくらいがちょうどいいんだよ」といった言葉が大きく影響していたようです。

そもそも医院継承と院長就任は予定外のことだったため、継承当時は医院理念について考える余裕もなく、「とにかく経営を軌道に乗せなければ」ということしか頭にありませんでした。

しかし、医院の地域性や、自分の個性なども考えて行動するべきだったと思うようになり、初めて「医院をどうしたいのか?」「患者さんの信頼を得て安心感と満足感を持ってもらうためにどうしたらよいか?」

彼らの言葉に
惑わされてたかも…

「患者さんは何を求めているのか」「経営者としての責任とは何か」などを考え始めました。

そのような意識の変化により、患者さんの言葉を聞くM院長の姿勢やスタッフの意識も良い方向に変わっていきました。

院長として何をすべきかが明確になれば、焦ることなく診療や運営にも集中できます。そのため「スタッフへの明確な指示がない」「スタッフを適正に評価していない」といった問題の解決にもつながっていきました。

そして、M院長の意識の変化は、日々のスタッフへの声かけにも現れるようになりました。

院長の意識が医院に反映！

退職を考えていたスタッフも、「もう少し頑張ってみます」と、社労士事務所の担当者に話すように。ギスギスした感じはなくなり、笑い声や、スタッフが患者さんと生き生きと話す姿も戻ってきました。患者数とともに、一時期減らした診療日も、再び増えていきました。

その改善傾向と同時に、社労士事務所の主導でスタッフの追加採用も行われました。その際、就業規則も新しく作り上げ、他の歯科医院より良好な労働環境が整備されました。これに伴う給与支給額の増加は、医院存続のためには必要な費用として考えられる範囲でした。

スタッフの清掃に対する意識も向上し、ほこりが目立つような状態だった医院が、明るく清潔な雰囲気に変化しました。決して大がかりな改革をしたわけではないのですが、院長の言葉と姿勢の変化が、スタッフに思いのほか大きな影響を与えることに、院長自身も驚いたようです。

「医院を悪くしていたのは自分だった」ということを自覚したために、しばらくは厳しい経営を覚悟していた院長にとって、医院が少しずつでも良くなってきたことは、大きな自信につながりました。

M歯科クリニックは労務士事務所の支援が必要ない状態にまで回復し、M院長とスタッフから選ばれたチーフの下、かつての経営状態に戻るのにはそう時間はかかりませんでした。

総括 1

経営改善のヒント

加速度的に進む環境変化

執筆を続けて気付いたのは、歯科界を取り巻く経営環境の変化です。かつてのように診療さえしていれば良いというものではなく、院長の管理能力が医院の経営を大きく左右する時代になっている。つまりどんどん他業種に近付いてきているのです。

また、患者さんの意識の変化も、経営環境に影響を及ぼしています。主訴を抱えた来院者は、10年ほど前の資料では約3割、医院1軒当たりにすると約500人です。ところが数年前の資料になると1割を切っています。定期管理が中心となっているのです。

歯科医院の数はほとんど増えていないとすると、歯科医院1軒当たり160人弱となり、同じ経営体制（患者層、治療）なら、対象患者数は3分の1になっているという厳しい数値です。

そのため、主訴だけに対応する治療型医院は、一気に経営が悪化してしまうということです。

「インプラントバブル」と言

われた時代も過ぎ去り、インプラント治療のリスクを耳にして、選択には慎重になる患者さんも増えているようです。

インプラント治療で高い質と精度を追求している医院は、大きな影響を受けずに済んだものの、流行を追うかのように場当たり的に設備投資をした歯科医院は、大きなダメージを受けました。

歯科学生の意欲の低下

新しい問題の一つに、「歯科学生の意欲低下」が挙げられます。総じて開業する意志を持たない学生、研修医が増加しています。開業しても先行きへの不安から意欲的になれず、環境の変化やスタッフ管理の煩わしさから逃げるように、短期間で経営を放棄するという事例も、耳にするようになりました。

私立歯科大学の実態を見ると、入学定員を減らさない代わり(?)に、「留年率と国試浪人率、退学率が高まる」という新たな問題が起きています。その結果、入学から歯科医師免許取得までの期間が延び、免許取得のための投資に対して歯科医師の収入実態がつり合わないとして、入学者が減りつつあることは周知の事実です。

事実、「医院数の増加」「受療率の低下」で、歯科医院の収入は下がる傾向にあります。さらに、「過当競争」「再発率の低下」「少子化による人口減少」「格差社会による低所得者層の増加」などもあり、将来に期待が持てなくなっているのかもしれません。

かつての「歯科医師はもうかる」というイメージも今は薄れ、収入から税金、借り入れ返済金、賃料などを引けば、実質収入はそれほど多くないという事実が明らかにされていることも、学生の意欲を減じる一因かもしれません。

個性のない医院の増加

医院間の競争の激化に伴い、「生き残るための差別化」という言葉がよく使われるようになりましたが、実際は「少々うまく行った医院のまね」という小手先の差別化がほとんど。医院独自の特色がなく、地域性も患者層の違いも生かされていません。看板もHPも医院の案内もそっくり。「これが差別化?」と驚かされます。

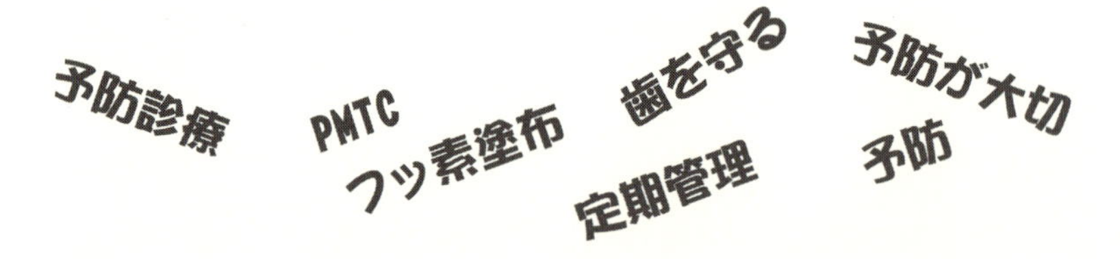

昔のように情報が地域に限られていた時代であれば、それでも良かったのかもしれませんが、インターネットが普及している現在、それらの手法でどの程度の差別化になるのか疑問を感じます。

確かに、同じ治療内容とサービスで、同じ設備を使うのであれば、似通ってくるのも仕方がないと言えます。だからこそ、独自の取り組みをスタッフともじっくり話し合って作り出していくべきでしょう。

この個性のない歯科医療の実態は、患者さんが一番気付いているはずです。どんなにイベントを行っても、地域性や患者特性を考えないまま診療していては医療サービスの質は上がらず、マイナスの口コミの元となります。

「倒れる歯科医院」の実態を調べていくと、安易な差別化戦略が元になっている事例も最近増えつつあると感じます。

倒れる要因で多いのは!?

本書では、13の医院が復活した過程を取り上げました。

倒れる要因を振り返ると、全て回避可能なレベルで、その多くは経営者の感情や親族の関わりが、最も大きな要素であることが浮かび上がってきます。逆に言えば、努めて感情を平静に保ち、実現可能な計画で経営している限り、まず倒れることはないのです。

かつてベストセラーとなった『ビジョナリー・カンパニー2―飛躍の法則』(ジム・コリンズ著、日経BP社)に、組織を飛躍的に成長させたリーダーの姿を示した記述があります。

「成功を収めた時は窓の外を見て、成功した要因を見つけ出す。結果が悪かった時は鏡を見て、自分に責任があると考える」。

つまり、「成功した時は他の人の協力や努力があって成功したと考え、その成功理由を見つけて次に生かし、失敗した時は自らにその原因があると反省する姿勢」の大切さを述べています。これは簡単なようで、難しいことだと思います。

「復活編」を読み直すと、「倒れる」院長の多くは、前記と逆の行動を取っていることがわかります。成功した時は自分の力だと思い、失敗したら自分以外の人や、地域の環境や時代のせいにするのです。

歯科医療の業態変化

私が30年ほど歯科医療界に関わってきた中で感じることは、歯科医療は医療サービスの「ケア部分」を重視した方が、安定的に経営できるということです。安定させるには、ビジネスの原理原則を歯科医療サービスに落とし込むことです。

ビジネスの原理原則

1. **新規顧客数を増やす**
   口コミによる紹介患者を増やす
2. **リピート率を上げる**
   継続患者を増やす
3. **顧客単価を上げる**
   信頼と満足度のアップにより自費診療を伸ばす

まずは、自院の患者データをじっくり検討しましょう。既存患者の管理が、安定経営には最も有効な方法だからです。それによってターゲット層を絞り込みます。

歯科医療界は、「歯科医院経営で一番重要なのは新患数」と考えがちです。しかし、他業種では既存顧客への継続サービスを意識して経営の安定を探っています。それは、獲物を取り続ける狩猟型経営が難しい時代だからです。

「患者管理の仕組み」の構築に優先的に取り組んだ医院は、より早く復活を果たしています。新患を集めるよりも、現在通院している患者さんの満足度を高め、継続通院につなげて安定的に患者数を確保するのが復活への近道です。

医療サービスとは、厳密には「医療関連サービス」といった方が良いかもしれません。これは医療機関が患者さんに医療を提供するために必要な業務であり、患者満足度に密接に関連します。受付の対応、診療室での対応、滅菌消毒、説明、5Sなどを含め、そのレベルによって患者満足度は大きく変わります。

「倒れる歯科医院」の復活に必要な方法は、決して大がかりなものではありません。復活に必要な院長の行動については、次ページからのプロセスを参考にしてみてください。

総括 2 復活へのプロセス

1. 医院をうまく運営することに専念する

この原点を忘れ、もしくはこれが実行できないばかりに倒れる状況に陥った院長が多くいます。医院経営が少し軌道に乗りだすと、日々の雑務に追われて本来すべきことをおろそかにしてしまいがちです。それが医院経営の足を引っ張る最大の要因になることが多いのです。

2. 院長が本来やるべきことをする

「患者さんの要望に基づいた治療計画の作成と説明、治療後の説明など、患者対応をきちんとする」「スタッフに具体的な指示を出し、医院が向かっている方向を理解させる」「法を遵守し、消毒滅菌などをきちんと行う」。どれも当たり前のことばかりですが、これが意外にできていない院長が多いものです。

3. 一人で問題を抱え込まない

「復活編」でも何度も取り上げていますが、スタッフに相談もしないまま事を進め、大変な事態に陥るケースがよく見られます。現状を素直に話せば、スタッフは想像以上に味方になってくれるものです。混乱を招かないように配慮しながら、どうすれば経営再建できるか、何が弊害になっているかを、なるべく具体的に説明することが大切です。スタッフの団結力を生み、やる気を確認する上でも、非常に意味のあることです。

4. 他人に振り回されないようにする

複数のコンサルタントや税理士、セミナー講師などに無節操に相談した結果、迷走してしまう院長も少なくありません。自分の医院なのですから、できるだけ決断は自分でしましょう。相談するにしても、状況をよくわかっている人だけに相談することです。

5. 体面にこだわらず、少々の犠牲は覚悟する

「復活編」では、再建不可能なほどの高額の負債を負った事例は登場しませんでしたが、仮にそのような状況になっても、事業さえ生きていて無駄なものを削ぎ落とせば、その後の運転資金調達の道はまだ残っています。

体面的なことにこだわり、現状を改善しないまま追加融資を受けてしまったら、もっと悲惨な状況に陥ってしまうでしょう。たとえ無理をして資金を確保しても、それは事業に生かせないまま、さら

なる深みにはまっていくのです。

6. 当たり前のことを確実に行う

単純で当たり前のことばかりでも、医院経営が低迷したり感情の迷いがあったりすると、なかなか実行できないものです。あれこれ迷わず、見栄も捨て、スタッフの力も借りながら決断したことを実行していきましょう。

7. 日々の行動を客観的に振り返る

日々の行動を客観的に見つめることは、そうないでしょう。まして、経営が少々成功すると、ほとんど振り返ることはないと言えます。しかし、定期的に自分を経営者として振り返り、医院をどうしたいのかということを原点に返って考える機会を持つのは大切なことです。

8. 第三者の意見を真摯に受け入れる

周囲で起きている問題の原因を第三者的な視点で考えることも大切です。たまたま起きたのか、大きな問題になる前に顕在化したのかを考えてみましょう。

もっとも、第三者的な視点を持つのはなかなか難しいため、会計事務所やコンサルタントなど、第三者の目を入れることも、軌道修正には有効だと言えます。

9. スタッフに丸投げしない

経理、教育、対外交渉、患者クレームなど、自分の苦手分野をスタッフに任せっぱなしにしている院長も少なくありません。きちんと教育し、明確な権限を持たせたスタッフに仕事を任せることは問題ありません。しかし、十分に教育せず、医院の理念も理解していないスタッフへの「丸投げ」の怖いところは、スタッフの誤解、ミス、安易なローカルルールの設定によって、より大きな問題になってしまうことがあるということです。

あくまでも責任と権利が一体であることが大切です。

日ごろから、「問題はなぜ起きたのか」「失敗の原因は何か」「成功の要因は何か」と考える機会を、ぜひ作っていただきたいと思います。

著者・堀尾氏に聞く

最近の「倒れる傾向」

誌面に書けなかった「男女問題のリスク」

聞き手　水谷惟紗久（『アポロニア21』編集長）

『倒れる歯科医院』シリーズは、この「復活編」で完結です。『アポロニア21』の長期人気連載がもとになった著作で、十数年間にわたる歯科界の変化も見つめてきました。著者の堀尾芳裕氏に、歯科医院の経営危機に関する最近の傾向をお話しいただきました。

問題を「自分ごと」として捉えられるか？

──今回の「復活編」は、「経営危機からの脱却を果たした事例も紹介してほしい」という読者の強い要望に応えたものですが、本書にあるような深刻な事態まで至って、復活を果たすことができる割合はどの程度のものでしょうか。また、どのような歯科医院であれば復活できるのでしょうか。

堀尾　本書で紹介した「倒れる」事例は、院長の経営者としての自覚に問題があったケースや、組織運営上、障害となる人物なり、部署なりが存在したケースなどです。経営者の自覚を取り戻し、組織運営のあり方を全員で見直せば復活できるはずで、本書で紹介したのは、その実例をもとにしたものです。

──倒れかけていても、適切な対応を取れば、多くは復活できるということでしょうか。

堀尾　実態は決して甘いものではなく、多くが問題を抱えたまま閉院、譲渡に至っていることが多いです。

復活の可否を決める重要なポイントは、院長の「自分が経営者なのだ」という意識が持てるかどうかだと感じています。院長自身が腹を括ってくれないと、復活への道は閉ざされてしまうのです。

一番危険なのが、院長もスタッフもお互いに不満を持ちながらも、「この歯科医院の危機は、自分自身の問題なのだ」という意識を持てない状態のまま推移することです。傷がどんどん大きくなっていってしまうからです。

例えば、比較的規模の大きなある歯科医院で、入職２年目の勤務医Ａ先生がいつまでも新人研修の段階から成長できないという問題が発生しました。なかなか担当業務をこなせずにいる上、ミスも重なっていました。

その教育担当であるＢ先生は、治療アポイントが埋まっており、新人の指導もままならないという状態でした。結果、軽微なミスだけでなく、今後、重大なインシデントにつながると考えられるミスまで発生するようになったのです。

もちろん、Ａ先生自身の「ミスをミスだと考えておらず、軽く見ている」という点も問題なのですが、それ以上に、ミスが起こっても上司に報告せず、その場のスタッフ同士で丸く収めてしまう医院の体質の方が深刻でした。

組織全体が、問題を「自分ごと」として捉えることができなくなっていることを意味するからです。

逆に、どんなに危機的な状態にあったとしても、

- **「自分たちが変わらなければならない」という強い意志を共有できた組織は立ち直れる可能性がある**

ということです。

──意識付けする方法は。

堀尾　院長が「お前たち自身の問題だ」などと強く言えば、意識付けできるというものではありません。現場から自然発生的に自覚が生まれることもあれば、外部者の指摘によって「気づき」が得られる場合

もあります。

ハイリスク院長の特徴

── これまで順調に経営できていたのに、ふとしたきっかけから医院の方向性がおかしくなって「倒れる」状態に陥るケースをよく見るのですが。

堀尾　経営者が外部から刺激を受けることは望ましいのですが、

・極端な経営モデルを持つ「成功者」のマネ

がきっかけとなり、経営がおかしくなるということが多いようです。歯科界で、個性的な経営で成功を収めた先生方は、「モノゴトの整理が早い」「理由はどうあれ行動する」「周りを動かせる」という共通点があります。独特の決断力、指導力、実行力があるのです。だからこそ、短期間に成功したのでしょう。

逆に、成功者のマネをする人には、それらの能力がいずれも欠けているため、単にハイリスクな投資をしてしまう、という結果に終わることが多いのです。

彼らには、何事かをやりきるエネルギーが不足しており、決断が必要な場面で急に優柔不断になったり、第三者の意見がなければ決められない頼りない態度を取ったりします。著しくひと目を気にする傾向にあり、総じて、経営方針の決定にあたっての動機が不明確、ないしは不純です。

── 具体的には。

堀尾　例えば、インプラントと自費の予防管理を組み合わせたような経営モデルが流行した時期があります。関連した経営セミナーも多数開催され、実際に多額の投資をして医院を改装したり、移転開業で大型化したりした医院も数多く見られました。それらの多くが、損益分岐点となる医業収入に達せず、多額の固定費に耐えられなくなり、数年を待たずして「倒れる」状態に追い込まれました。

特定の経営モデルが間違っている、というのではありません。

- **その成功者の判断力、行動力、そして築かれたチームによって出された実績は、表面的にマネた仕組みやチームでは再現し得ない**

という当たり前の事実なのです。

若手歯科医師への懸念

―― 歯科医師の先生方の資質の面で、時代の変化などはありますか。

堀尾　自分の頭で考えることを苦手とする指示待ちの若手歯科医師が増えているように思われます。そして、

・何か問題が起きると「誰かが答えを用意してくれる」と考えている

としか思えない態度が、多くの若手歯科医師の間で垣間見られます。

ある法人で、新人研修の難しさが議題に上った時、「最近の若者の特徴を掘り下げてみよう」ということになりました。結果、**表**のような指摘が出ました。これらが全ての若手に当てはまるとは考えていませんが、以前よりも、教育訓練しにくく、成長が期待しにくい人々が増えているのは事実なのではないでしょうか。

医院経営が危機に陥ったとき、一番大切なのは、安易な「正解答案」に走ることなく、じっくりと問題の所在を考え抜くことです。考えたくない、人の下に立ちたくない（まして、叱られたくない！）というのでは、危機を乗り越えるのは困難だと思われます。

とりわけ、近年の歯科医院経営は、定期管理型歯科医療の定着に伴い、キャンセル率や中断率、親子受診率など、データをもとに判断

最近の若手、3つの特徴 ＝ある法人の会議にて

1. 自分は有能で評価に値する人間だと思い込んでいる

➡いわば根拠なき万能感ともいうべきもので傷つきやすい自己愛。少しでも叱られると人格崩壊のリスクも…

2. すぐに答えを欲しがる

➡ 彼らが求めるのは具体的ですぐに役立ちそうな正解。「考える」という過程を面倒がる傾向…

3. フラットな世界で生きたがる

➡上下関係を嫌い、友人感覚で付き合える関係を望む

➡ 一つの組織に属したがらず、人からモノを教えられたくないため成長できない…

しなければばならない局面が多くなっています。「考えない」という態度では、何も始まりません。

男女トラブルによる「倒れる」状態

──シリーズを通して、なぜか院長の男女トラブルによる経営危機が取り上げられていませんが、実際には、多くの局面で、男女トラブルが関わっているように思うのですが。

堀尾　プライバシーに関わる問題なので、なかなか紹介できませんでしたが、「院長の男女トラブルでスタッフが離反」という事例は広く見られます。

ここで注目すべきなのは、

- **「院長の女性関係が派手で…」というケースは「倒れる」リスクとしては大きくない**

という事実です。もちろん、風俗店通いが過ぎて夫婦仲が悪くなり、お金も浪費、という歯科医師が経営難に陥ることは容易に想像できますが、もっと恐い男女トラブルがあるのです。

コアスタッフの中に、院長の愛人がいるケースが見受けられますが、これは非常に危険です。院長の愛人となるのは、意外なことに「すごく魅力的な女性」という人は少なく、むしろ、院長が抱えている不安を癒やしてくれる存在となっています。経営者の弱いところをカバーする存在として、心の奥底まで入り込んでいる愛人が、妻以上の存在になっていることがあるのです。

このような関係になると、歯科医院経営で必要となるさまざまな意思決定にも、「愛人が院長に直接助言」「スタッフが愛人の顔色を伺うようになる」などによって、愛人の意向が自然と反映されることになります。本人も悪気がないのに医院の意思決定を歪めていくのです。もちろん、金銭的な援助なども、周囲がうかがい知るようになるでしょう。これでは他のスタッフの離反は免れません。

院内の愛人の存在は、大きな木の周りに絡まる「つる草」のようなもので、徐々に医院を根元から朽ち果てさせてしまうのです。「浮気」「恋愛感情」というより「依存」という表現がしっくりくる状態です。「経営リスクですよ」と指摘されて簡単に解消できるものではありません。

そして、医院を運営する幹部の信用を失い、院長の求心力がなくなっていくことになります。こうした、「幹部層からの士気の低下」は、スタッフの著しいモチベーション低下につながり、業務の怠惰、残業などの不正操作、経費の水増しなどの横領や、不正経理操作などの内部告発、医院の乗っ取りなどの重大事象に発展するケースもあります。

このようなケースの多くは、院長の「誰かにすがりたい気持ち」が発端にあるものですから、愛人の側もスタッフの対応の不自然さや経費の処理への罪悪感などからくる大きな精神的ストレスに発展して、日常の生活にも支障をもたらしているケースも見られます。改善策としては、愛人となっているスタッフを医院から切り離し、院長の家計から手当てを払う形にすることが考えられます。家庭崩壊のリスクはありますが、医院経営への影響は軽減されるためです。しかし、それがなかなかできない院長が多いのも事実です。

根本的な解決法は

――男女関係が大きなリスク要因だということがわかりました。しかし、その背景には、孤独な経営者の「誰かに頼りたい気持ち」があるようですね。

堀尾　歯科医院経営は、スタッフや取引先、あるいは、かかりつけの患者さんも加わって、皆が協力し合って組織作りする営みだと考えています。全てを院長が抱え込もうとするから孤独になり、心に隙が生まれるのです。

スタッフの士気が高い歯科医院は危機に強いとされていますが、なぜ、スタッフの士気が強いかと言えば、院長が自分の弱みも含めて全てをスタッフや、周囲の協力者に示しているからだと考えられます。「復活編」で登場した歯科医院は、いずれも、スタッフ皆が医院の危機を自分の課題だとして乗り越えたものです。スタッフ参加型の歯科医院は強いということなのです。

――ありがとうございました。

著者紹介

堀尾芳裕（ほりお よしひろ）

ISO認証取得コンサルタント／マネジメントコンサルタント

1979年、医歯学部の進学予備校設立後、医療系の教育事業に従事。1985～2002年、歯科医院の経営に参画。医療法人の常務理事に就任、経営管理に従事。1998年、歯科領域における世界初のISO9001（品質マネジメントシステム）認証取得。2002年、株式会社エム・マネッジ設立。医療に特化したコンサルタントとして活動。ISO認証取得コンサルティングでは、ISO9001をはじめ、統合認証（ISO9001、ISO14001、ISO27001など）も手がける。歯科医院のISO認証取得コンサルティング実績No.1。2007年、株式会社ディネット設立。地域でOnly-1のポジションを確立（ブランディング）し、歯科医院の経営を成功させるための『Only-1歯科戦略塾』を開設。2008年OHCP（オーラル・ヘルス・ケア・プログラム）研究会を設立し、親子の口腔管理の仕組みOHCP、早期口腔ケアの仕組みkOHCPを提唱。2011年には社団法人日本口腔育成学会を代表社員として設立。大手メーカーとの提携による予防プログラミング、導入セミナー・実践セミナーの開催などを通じ、定期管理の実践サポートを行っている。

〔主な連載〕

日本歯科新聞社発行の『月刊アポロニア21』で、「倒れる歯科医院」(2002.4～2003.3)、「他業種に学ぶ経営のヒント」(2003.4～2003.10)、「ISO実践編」(2004.1～8)、「元気な歯科医院になるためのリスクマネジメント」(2004.10～2006.1)、「倒れる歯科医院2」(2006.2～2008.4)、「倒れる歯科医院3」(2009.1～2012.3)、「倒れる歯科医院・復活編」(2013.9～2015.12)。

〔主な著書等〕

『倒れる歯科医院』『倒れる歯科医院2』『倒れる歯科医院3』（日本歯科新聞社）、『予防管理時代のデンタルオフィス』（評言社）共著、DVD『歯科医院「増収・増益」の7つの成功ノウハウ』㈱ディネット）、『ゼロ歳からの口腔育成』（編集担当／中央公論社）

㈱ディネット http://www.dnet-inc.com E-mail:info@dnet-inc.com

倒れる歯科医院・復活編

13のドキュメントストーリー

■著　者　　堀尾芳裕
■発　行　　2017年4月2日
■発行者　　水野純治
■発行所　　株式会社 日本歯科新聞社
〒101-0061　東京都千代田区三崎町2-15-2
Tel 03（3234）2475/Fax 03（3234）2477
http://www.dentalnews.co.jp/
■印　刷　　㈱平河工業社
ISBN978-4-931550-47-6 C3034 ¥3200E